Esta boca es mía
(y tuya también)

Lydia Cacho

Esta boca es mía
(y tuya también)

Diseño de portada: Factor 02 / Eleazar Maldonado y Paulina Olguín

Derechos reservados

© 2007, Lydia Cacho

© 2007, Editorial Planeta Mexicana, S.A. de C.V.
Avenida Presidente Masarik 111, 2o. piso
Colonia Chapultepec Morales
C.P. 11570 México, D. F.

Primera edición: septiembre de 2007
ISBN: 978-970-37-0676-1

Impreso en los talleres de Litográfica Ingramex, S.A. de C.V.
Centeno núm. 162, colonia Granjas Esmeralda, México, D.F.
Impreso y hecho en México – *Printed and made in Mexico*

www.editorialplaneta.com.mx

A Jorge, a mi familia,
a mis amistades del alma...
por ayudarme a no perder
el sentido del humor y del amor.

Índice

PARA ABRIR BOCA

Madre Teresa cumplió doce años, y tiene la boca llena de preguntas.

Ella nació en Texas, un pequeño poblado de la zona maya de Quintana Roo, justo en el cruce de la carretera de Santa Cruz a unos kilómetros de El Ideal. Cuando Madre Teresa nació –me contó su madre–, era una niña sin nombre previsto. La partera que fue a casa para asistir el nacimiento llevaba entre sus cosas el periódico *Poresto* de Cancún, que mostraba la foto que provocaría el bautizo. En una página a color aparecía una monja posando para la fotografía, con su hábito azul claro y su toca blanca y azulada. A la recién parida le llamó la atención el mapa de su rostro, ajado por los años, que enmarcaban un par de ojos pequeños, buscones y animados por una sonrisa angelical.

Así nació su primera hija, como un pollito mojado, arrugadísima. Pero luego abrió los ojos y su sonrisa era igualita a la mujer de la foto. Así que decidió bautizar a su pequeña con el mismo nombre: Madre Teresa.

El día que la conocí iba a entrevistar mujeres niñas mayas y mestizas para un libro. Mi amigo Felipe, que vive en un poblado cercano, me llevó a conocer a las mujeres de Texas y allí estaba Madre Teresa. Curiosa, con sus ojos negros como canicas y sus trenzas azabache. Tocaba todo: mi cabello, mi cámara, la grabadora y el cuaderno de pasta oscura. Quería saber quién era yo y por qué, si vengo de tan lejos, ambas teníamos el mismo color de ojos y melena y la piel morena. Me preguntó por qué mi cabellera estaba hecha de caracoles brillantes. Le dije que se llaman rizos. Charlamos mientras caminábamos rumbo a una entrevista; en el camino nos detuvimos en un tendejón a comprar un refresco. Muy pronto la pequeña se autonombró nuestra guía y nos confesó lo conveniente de ser tan delgada y pequeñita como ella, porque la gente piensa que tiene unos ocho años, y como tiene doce sabe muchas cosas y habla como niña grande, así que la gente, cuando la conoce, dice: "¡Pero qué niña tan lista!" Y ella se llena de alegría. Su voz ayuda, el tono agudo como el de un clarinete con modulaciones mayas y un ritmo infantil sugieren que es en realidad muy pequeña y avispada.

Durante horas nos acompañó a entrevistar mujeres. Al final, cuando comíamos un relleno negro con tortillas recién tiradas al comal en casa de doña Carmen, Madre Teresa se detuvo frente a mí, terminó de masticar un pedazo de taco y me dijo: "Oye tú Lydia, a mí pregúntame para tu libro".

Madre Teresa se reveló como una charladora profesional, me contó nuevamente sobre el origen de su nombre, y luego que el cura del pueblo vecino le había dicho ya varias veces que su nombre era su destino, y que sería bueno que se convirtiera en monja. "¿Qué es una monja?", me preguntó la pequeña. Yo intuí que esa pregunta la había planteado ya muchas veces a su madre o al cura, así que le pedí que ella misma me diera la respuesta. En un tono casi solemne —supongo que imitando al cura—, dijo: "Es una mujer que se entrega en matrimonio a nuestro señor Dios y que se sacrifica por los demás, y que le lleva de comer al padre y le lava su ropa y es siempre buena". Yo sonreí. En Quintana Roo hay muy pocas monjas, de hecho hace apenas unos años se creó el primer noviciado inaugurado por el obispo del estado. Las monjas que viven en diversos poblados provienen de grupos misioneros de otros sitios del país. En la zona maya hay más chamanes que curas; a pesar del sincretismo católico maya, es más poderosa la cultura de guerra de castas y del maya *macehual* independiente que la del indígena sometido a la cultura judeocristiana.

"¿Y tú quieres ser monja?", pregunté. Ella abrió los ojos y gesticulando con las manos, llevándolas a su cintura, dijo que no, que no le gustaría servirle de comer a nadie ni lavar la ropa. Además su mamá le explicó que no cree en eso del destino. Madre Teresa no sabe si quiere ser mamá, porque luego tiene que irse lejos todo el día para trabajar y darle de comer a sus hijos. "¿Entonces piensas tener hijos?" "Sólo hijas", respondió sonriendo y sobando con su manita la orilla de la mesa en que comíamos. "Porque las hijas lavan su ropa y se hacen su comida y hacen su tarea ellas solas". "¿Y piensas casarte?" "¡No, porque si te casas luego el esposo se va a trabajar y luego no regresa!" "¿Y cómo vas a tener a tus hijas?" "Pues así…", se detuvo a pensar y nos miró a los ojos, primero a Felipe, luego a la dueña de la casa, y después a mí. Bajó la mirada y siguió hablando: "...pues así, con mi vulva y mi matriz y mis pechitos". El tono cantado de su voz núbil hizo más increíble la frase. "¿Y dónde están tu vulva, tu matriz y tus pechos?", indagué incrédula. Me respondió que estaban exactamente en el mismo lugar que los míos, incluso inquirió, frunciendo la nariz, si nadie me lo había explicado.

Madre Teresa aprendió sobre la gestación y el cuerpo de las mujeres en un libro de texto en la escuela pública a la que asiste. Pero no debe hablar de esas cosas frente a la gente grande porque se enojan. La niña insiste en que no sabe muy bien por qué, pero en la escuela, con las niñas y los niños, sí se puede hablar de "esas cosas", y con la maestra también, pero con la gente de la calle no, porque van a pensar mal, se asustan de la vulva, según la pequeña. A los grandes no les enseñaron eso en la escuela. No sabe por qué, pero ella está al tanto que así es. Yo le respondo que a mí no me asusta, que yo también tengo vulva, matriz y pechos, y que está muy bien que sepa los nombres de su cuerpo, y que también reconozca que ella es dueña de su cuerpo.

La dueña de la casa, que al principio sonrió, de pronto se levantó de su silla y se fue a lavar los platos de plástico amarillo; se notaba un poco incómoda. La pequeña se percató y fijó su mirada en la mía, las dos nos sonreímos en complicidad y salimos a la calle a caminar solas.

Sobre los niños Madre Teresa tiene mucho que decir: "Algunos son tontos porque les dan miedo las niñas que saben cosas y que son bonitas, otros sí son listos y son mis amigos". A los doce años, la niña de origen maya que vive en un pequeñísimo poblado llamado Texas, ha construido una idea de ser mujer muy lejana a la televisión y al paradigma de las revistas de moda. No sabe quién es Paris Hilton, pero sí quién es Leona Vicario. Ha escuchado a Alejandro Sanz y ha visto un póster suyo en una tienda; piensa que es el hombre más guapo del universo. Su madre no tiene televisión en la palapa en que viven, por eso va a casa de unas amigas a ver películas mexicanas que le recuerdan su infancia. A veces lleva a su hija. Madre Teresa se pone a jugar con las niñas y los niños en la calle. Juegan a las escondidas, al futbol, al baile y a la princesa del cenote sagrado.

Comienza a anochecer y me despido de la tejana maya. Con su voz dulce me pregunta cómo se va a llamar mi libro. *"Esta boca es mía"*, respondo. Me toma la mano y pregunta: "¿Y esta boca es mía también?" "¡Claro!, porque cuando te apropias de tu boca eres dueña de tus palabras, y responsable de ellas". "¿Y también de mi cara y de mi cuerpo?", dijo remitiéndose a la conversación que tuvimos en la casa mientras comíamos. "Claro —se respondió sola—, si las palabras existen es para que sean de una, ¿o no?"

Cuando subí al auto y tomamos de nuevo la carretera hacia Chetumal, pensé que cada persona es un universo en sí misma,

que mientras nos ocupamos en analizar a la sociedad que perpetúa ideas del ser y del tener, mientras discutimos de política y de
narcotráfico, de la Suprema Corte y de la corrupción, en todos
los rincones del planeta hay niñas y niños que van recreando
nuevas formas de ser mujer y de ser hombre. Que se acercan y
se reconocen diferentes, que sin saberlo aún, van desconstru-
yendo viejos paradigmas. Criaturas que —a pesar de los tabúes
de sus antepasados a cuestas— son capaces de comenzar a reclamar su palabra, su cuerpo y su idea de un mundo diferente.

Mientras se escriben libros magníficos de antropología y
ciencia del pensamiento humano que arrojan luz y nos dan pau-
tas para redescubrir nuestro pasado y reinventar el futuro, del
otro lado del universo intelectual, en las escuelas primarias, en
las calles y en las tertulias entre amigos y amigas, el mundo se
nos revela fascinante a través de la vida cotidiana. Cuando nuestro oficio nos permite sentarnos a escuchar, a reír, a brindar, a
compartir la mesa y la pasión; cuando consentimos ser nosotros,
nosotras en el goce de la vida y todos sus milagros; cuando nuestra palabra no pontifica ni se impone, sino comparte y aprende a
disentir, a cambiar de opinión, a revelar nuevos caminos, re-
creamos el mundo. Y en esa feliz tarea nos reconstruimos como
personas. Cada vez que sin máscaras decimos "esta boca es mía",
como durante cientos de años han dicho las mujeres indígenas
reclamando su voz, o los cantantes y los poetas, nos apropiamos
de la idea y de la responsabilidad de la palabra compartida.

Cuando nuestras afirmaciones personales se vuelven confi-
dencias, cuando con un tequila lloramos de tristeza o alegría
con amistades del alma, cuando descubrimos que la congruencia es mejor herramienta que la violencia para transformar el
mundo, cuando nos atrevemos a cuestionar las formas de amar
que nos dijeron eran las adecuadas, cuando abrimos los brazos a
la diferencia, y nos arroba el alma la complicidad de la afinidad,

OTRA FORMA DE SER Y AMAR

Para hacerse palabra, el amor requiere una distancia, una ausencia: la felicidad no se cuenta, se vive; el deseo puede narrarse.

Patricia Violi

Hasta la carta de amor, esa tentativa inocentemente perversa de calmar o relanzar el juego, está demasiado inmersa en el fuego inmediato como para no hablar más que de "mí" o "ti" o incluso un "nosotros", salido de la alquimia de las identificaciones, pero no de lo que sucede realmente en la una y el otro.

Julia Kristeva

Nadie protesta si una mujer es una buena escritora, escultora o experta en genética, siempre y cuando logre ser a la vez una buena esposa y amante, buena madre, guapa, estar siempre de buen humor, vestirse bien, ir bien arreglada y no quejarse nunca de la discriminación.

Marya Mannes

"Fácil" es un adjetivo que se utiliza para describir a una mujer que tiene la moralidad sexual de un hombre.

NancyLinn-Desmond

¿Patán o caballero?

Yo crecí en un hogar en que la buena educación estaba directamente relacionada con el buen trato hacia las demás personas. Fuera de las reglas básicas de la comida, de saludar de beso obligado a las tías bigotonas y a los tíos con aliento de pulque agrio, de decir gracias y por favor, nunca nos educaron con el *Manual de Carreño* (un libro vejestorio moralino con reglas de comportamiento sexistas y decimonónicas, dignas de la más alta hipocresía conductual).

Tal vez fue por ello que cuando comencé a salir con hombres, me llevé una sorpresa mayúscula la primera vez que un sujeto —yo tendría quince y él veintiuno— se bajó corriendo del auto para abrirme la puerta y ofrecerme su mano para bajar.

Para cuando el tipo llegó a mi lado, yo ya había descendido del auto, y noté con asombro su evidente incomodidad. "¿Por qué no me esperaste?" "¿Para qué?" "¡Para que te abriera la puerta y te ayudara a salir!" "¡Pero si yo tengo manos y la abrí, y mis piernas están sanas para salir sola!" "¡Uts! (volteando los ojos hacia el cielo) ¡Me salió feminista!"

Más o menos así transcurrió la conversación con el galán.

Llegamos al cafecito de Insurgentes y yo seguía sin comprender la inmensa molestia del sujeto. Ya sentados, intenté bromear al respecto: "Si quieres, para la próxima me rompo una pierna para que me puedas sacar del coche cargando", dije con mi sonrisa núbil. El tipo me aventó una perorata insufrible sobre cómo yo, tan madura que parecía, era tan ignorante. Estaba frente a un caballero y, según él, a ese paso nunca me convertiría en una dama. Se atragantó un pay de queso con frambuesa y un café, yo me aventé uno de chocolate y me prometí nunca más salir con un hombre que me pidiera que actuara como discapacitada y manca para satisfacer sus necesidades de conquistador trasnochado.

Yo no recuerdo haber visto a mi padre, o a mi abuelo, abrir la puerta del auto, ni pararse en la mesa cada vez que una mujer llegaba o partía. Recuerdo que mi abuelo ayudaba a servir la mesa y era tierno y amoroso con mi abuela. Evoco a mi padre atento a la hora de escuchar a mi madre cuando hablaba del último libro que había leído, y cómo la miraba azorado y lleno de orgullo, cuando ella hablaba en público en una de sus pláticas.

Siempre me quedó claro que la forma no es el fondo, y menos en las relaciones entre hombres y mujeres. He conocido a un buen número de hombres que te acomodan la silla, corren para abrir la puerta, te toman el brazo para cruzar la calle, se levantan en un restaurante cada vez que te paras, pero a la vez se expresan de las mujeres como si éstas fueran objetos o "filetes". Son misóginos e incapaces de mirarte a los ojos mientras hablas. Algunos incluso no tienen inconveniente en maltratar a sus parejas. Les importa muy poco lo que una mujer piensa sobre el mundo, y generalmente desean imponer su voluntad en todo; son celosos y machos ilustrados; pero eso sí… ¡nadie puede decir que no son caballeros!

Una de mis poetas favoritas del siglo XIX, Emily Dickinson, decía que los mejores poetas son aquellos capaces de tamizar el lenguaje de tal manera que logran limpiarlo de los lugares comunes, de los artificios pomposos y las capas distractoras que impiden ver "el mundo real de las emociones verdaderas" (*the real world of true emotions*). Yo creo que lo mismo va para las personas; en este caso para los hombres.

Para ser caballero, se necesita tener caballo, pero para ser gentil, se precisa de inteligencia emocional de fondo. Casi cualquier mujer prefiere a un hombre dulce, amable (del verbo darse a querer) y cuyo trato cotidiano sea sensible, que a un perfecto caballero que en realidad sea un patán. Yo por mi parte no me considero una dama, soy una mujer del siglo XXI, y creo que la buena educación muy poco tiene que ver con la teatralidad sexista.

Amantes: ¿jóvenes o maduros?

Durante un ataque nocturno de *zapping* del control remoto, hallé en la televisión un programa de espectáculos que narraba los amores de las mujeres famosas. Estaba a punto de cambiarle cuando la narradora explicó que íbamos a descubrir por qué las mujeres "maduritas" preferían amantes más jóvenes que ellas. Tomé pluma y papel dispuesta a entrar en un mundo desconocido.

Por la pantalla desfilaron algunas bellezas espectaculares, unas cuantas mujeres plásticas y artificiales, y algunas estiradas de la tercera edad —tipo Elba Esther Gordillo— que se niegan a envejecer con dignidad. Todas ellas de entre cuarenta y cincuenta y tantos años. Del brazo llevaban a sus guapos particulares. Demy Moore, con un mocoso que nunca ha leído ficción literaria más allá de su colección de *comics,* y que a su vez camina llevando del brazo a Moore como si fuera un trofeo de pesca. Una tras otra, mostraban a sus galanes con un orgullo casi maternal.

Las mujeres se veían radiantes y felices, algunas hacían evidente su enamoramiento, otras presumían —como el mejor de los raboverdes— cuánto les costaba mantener al novio. Otras simplemente lucían su juventud portátil, temerosas de asumirse como personas maduras.

Al día siguiente me di a la tarea de hacer mi propia investigación de campo. Entrevisté, vía cibernética, a casi todas mis amigas cuarentonas (como yo). Ante la pregunta de si entablarían una relación con un joven diez, quince o veinte años menor que ellas, la gran mayoría de las que son liberales respondieron que no. Unas cuantas dijeron que sí, si fuera algo casual, de una vez, y si el muchacho tuviera suficiente cerebro y sentido del humor para participar en una seducción mutua. Una que otra dijo, más en broma que en serio, que por hacer labor social sí le daría un cursillo a Keanu Reeves. Las más conservadoras, curiosamente, dijeron que si fuera parecido al novio de Demy o al de Britney Spears, sí le entrarían.

Inmediatamente hice un viaje al pasado. Recordé la secundaria y la prepa; la torpeza de los galanes, su incapacidad para desarrollar el mismo erotismo que teníamos las de su edad. Aunque me encantaba explorar y experimentar, siempre aborrecí la manía de los adolescentes por meter mano como si una fuera bolsa de palomitas en el cine: con descuido e indiscriminadamente. Ni qué decir de sus apretujones, su visión absolutamente genitalizada de la exploración sexual. La desesperación por hallar su propia satisfacción, sin enterarse de lo que pasa en el cuerpo emocional de aquella a quien tocan.

No olvido que la mayoría de los veinteañeros actuaba como si la vida fuera una apuesta perenne por ver a cuántas jóvenes les metían mano y con cuántas lograban tener sexo. Entiendo que esto es producto de una cultura de competitividad morbosa y que ello constituye uno de los valores sociales de la masculinidad; pero francamente, para la mayoría de las mujeres es insufrible.

Recordé la paradoja a la que nos enfrentábamos: los hombres atractivos en general eran unos fardos mentales, mientras los cultos y con conversación interesante eran tímidos, antídotos del placer, feúchos y llenos de acné ya entrados a los veintiuno. Claro está que eso responde a la cultura del esfuerzo mínimo de los socialmente aceptables. Quienes no calificamos en los estereotipos de belleza, sino en la anodina normalidad, invertimos menos tiempo en la apariencia y mucho más en la conciencia.

Lo cierto es que las amigas se burlaban de mí, porque, según ellas, adolecía de gerontofilia. Gracias a mi educación decidí que mi vida sexual comenzaría cuando yo estuviera lista (no cuando lo estuviera la curiosidad de un imberbe y calenturiento adolescente). Así que salir con los del género opuesto me significaba descubrir el mundo más allá de la entrepierna. Me gustaban mucho más los hombres mayores. A los dieciséis tenía un novio de veinte, a los veintitrés me fasciné con uno de cuarenta y dos. Ahora, a los cuarentas, he llegado, ¡por fin!, a la edad en la que me emparejo con los que me gustan. Y mientras más lo pienso, respeto su elección, pero no entiendo a las mujeres de mi edad fascinadas con jovencitos; pasamos la adolescencia deseando que los hombres maduren y cuando maduramos, ¿los deseamos inmaduros? Creo que algunas de estas mujeres se parecen mucho a los viejos que se unen a mujeres muy jóvenes para sentirse vivos, seducidos, atractivos, pero sobre todo para sentirse jóvenes. Claro, ¡ésa es su prerrogativa! Si encuentran la fuente de la juventud en Peter Pan (mientras no sea menor y contra su voluntad), todo se vale.

Al final del día yo prefiero un hombre de cuarentaytantos o cincuenta, que pueda fascinarme con una conversación inteligente, que no prefiera jugar *Gameboy* en lugar de discutir un buen libro, que entienda mi sentido del humor ácido y con referencias históricas de mi propia época. Uno que se sepa reír de sí mismo sin acomplejarse. Que pueda pasar horas haciendo el amor no sólo porque su cuerpo se lo permite, sino porque sabe nutrir el deseo y la pasión de formas fascinantes. Me quedo con uno que pueda pasar horas bebiéndose una botella de tequila, escuchando música; que hable de lo que piensa y siente como parte de una búsqueda interminable del sentido de su vida. Uno que sepa, por experiencia, que la vida es un milagro y no una casualidad. Prefiero un hombre que se atreva a desinhibirse por completo en un encuentro amoroso. Pero sobre todo, uno que sepa que hacer una travesura no es precisamente llevarse prestado el coche de su padre. Y tú, ¿de qué edad prefieres a tu amante?

Celos: ¿amor o control?

"¡Es un amor!, me llama cinco veces al día para saber cómo y dónde estoy y si pienso en él", me dijo una mujer. De inmediato auguré una pesadilla para la joven enamorada, que en ese momento se encontraba en periodo de "AC" (apasionamiento ciego). Ella no imagina que tal vez algún día pase a formar parte de las estadísticas de parejas que viven serios problemas de violencia psicológica por celotipia, violencia aparentemente indetectable pero que destruye el alma poco a poco, hasta dejar a la persona que la vive sumida en una depresión profunda.

Las canciones rancheras, los boleros, las novelas y todo lo que podría constituir el "panfletario discurso amoroso popular", que por desgracia es el medio elemental de nuestra educación emocional, presentan la actitud celosa como una cualidad. Se le confunde con un real sentimiento de valoración y deseo de estar con la pareja. El problema esencial es que los celos no tienen límite por una simple razón: son una emoción que surge por querer poseer en exclusiva a la persona amada. La gasolina de los celos es el miedo a la pérdida, real o no, planteada como una amenaza a nuestra posible felicidad. La cultura amorosa convierte a las personas en "objetos" del deseo que supuestamente terceras personas podrían robarnos en cualquier momento de distracción; digamos como si estuviéramos en el supermercado y dejásemos por un momento el bolso en el carrito de las compras y alguien se lo llevara subrepticiamente. Extraño, ¿no?

En psicología a esta patología se le llama celotipia, es decir, la necesidad de controlar a la persona amada como resultado de nuestra propia inseguridad. Los celosos extremos pueden llegar a tener peticiones absolutamente exageradas que aun siendo aceptadas no calman el sentimiento de inseguridad.

Un estudio publicado en la revista *Psicología Hoy* asegura que la celotipia como enfermedad (cuando la persona siente que es incapaz, por sus propios medios, de controlar sus celos) es un mal que se presenta en una proporción de tres hombres por cada mujer celosa.

¿Por qué será entonces que son las mujeres quienes tienen más fama de celosas? Basta ver las telenovelas y leer las revistas rosas para escuchar el número de féminas que sufren de celos porque sus esposos salen de viaje de trabajo, porque van a comidas de la chamba acompañados de mujeres atractivas, mientras ellas están de choferas de las criaturas, en el súper, en el pediatra, o enfrentando frustraciones personales. Me parece que lo que falta en este análisis es la perspectiva de género, es decir, diferenciar el poder que tiene la actuación celosa de una mujer y la de un hombre ante el imaginario colectivo. Estas percepciones, según el psiquiatra Luis Bonino, son resultado de la socialización del "ideal de la masculinidad tradicional", que implica que el hombre tiene autonomía, que es dueño de la razón, del poder y de la fuerza y que su cuerpo y su voluntad son para sí mismo. Todo esto en comparación con la tramposa definición de la mujer, pues en ese paradigma de masculinidad aceptado por la cultura a la mujer se le ve como inferior y al servicio del hombre, y su cuerpo tiene sentido porque es la incubadora, por lo que debe responder a los paradigmas eróticos impuestos por el hombre. Estos valores son efectivos porque los varones tienen, para utilizarlo válidamente, un aliado poderoso: el orden social. Este orden social otorga al varón, por serlo, el "monopolio de la razón" y, derivado de ello, un poder moral por el que se crea un contexto inquisitorio en el que la mujer está en principio en falta o como acusada: "exageras" y "estás loca" son dos expresiones que reflejan claramente esto. Las estadísticas muchas veces nos ayudan a entender que vivimos de percepciones y no de realidades. Los celos son más aceptados en los hombres y más evidenciados y satanizados en las mujeres.

Como los celos son necesidad de control, las mujeres que sufren por el temor de que su pareja se vaya con otra, pueden llamarle a él cuatro o cinco veces al día, pero ellos tienen —como en la guerra— una barricada muy especial: la secretaria, que no pasa las llamadas y que los esconde cuando salen con alguna mujer (de trabajo o no); asimismo, la excusa del celular apagado por estar en una "junta" o con el "jefe". Las mujeres patológicamente celadas, contrario a los varones, no tienen la posibilidad de salirse del ciclo de persecución telefónica y de los interrogatorios, o dar las mismas excusas que ellos; no sin pagar las consecuencias con acciones que van desde humillaciones y gritos, a castigos, limitando los recursos económicos para el hogar, y en caso extremo hasta con una bofetada. Además, las alianzas masculinas para proteger a un hombre infiel son generalmente mucho más poderosas que las femeninas (al menos en ese rubro), porque no sólo los hombres entran en el paradigma de la masculinidad superior, sino también muchas mujeres, educadas para juzgar más duramente a sus iguales que a los del sexo opuesto.

Lo cierto es que en los casos de la pareja controladora por celos, los hombres califican más en los estudios de salud mental porque son quienes tienen mayor control y poder en las relaciones amorosas. Según los expertos, son ellos quienes "matan por celos a la mujer" o la envían al hospital por el mismo motivo. Según la psicóloga Clara Bracamontes, cuando al principio de la relación amorosa un hombre te dice: "Te quiero tanto que seguiré tus pasos siempre, y serás mía", hay que huir al grito de "¡piernas para qué las quiero!"

Lo que durante el noviazgo, para algunas personas, es una demostración de amor desenfrenado, en una relación estable se convierte en una pesadilla. La mayoría de los especialistas coincide en una cosa: de todas las patologías del amor, los celos son los únicos que se notan desde el principio. Una persona controladora e insegura en el amor, se muestra tal cual desde que nota que hay posibilidades de relacionarse afectivamente.

El problema es, en realidad, que la cultura popular amorosa enaltece los celos como valor agregado y difícilmente los cuestionamos. Ya lo dice la canción: "Te pondré sangre de mis venas en tu frente para que sepan que eres mi propiedad privada, para que nadie más respire tu aliento".

Estoy en un cantabar de Cancún con mis amigas, justo hablando de los celos, y de pronto ellas comienzan a corear la canción como un himno. Yo miro a la gente cantando a toda voz y me pregunto: ¿Y después, qué hacen con su pareja marcada? ¿La amarran o la matan?

La fantasía de la infidelidad

Mi amigo David me aseguró que de todos sus amigos gays, el 95% es sexualmente infiel a sus parejas. Según él —que asevera que jamás entró al clóset porque desde pequeño se asumió homosexual y así ha vivido siempre—, las mujeres lesbianas son mucho menos infieles que los hombres que aman a los de su mismo sexo.

Cuando le pregunté a qué adjudicaba ese fenómeno, él, con sus ojazos brillantes, me respondió sin dudarlo: el pasto siempre parece más verde en el jardín del vecino, mi reina.

Para millones de hombres la vida en pareja representa una encrucijada entre su realidad actual y el deseo de una vida de placeres insólitos y grandes aventuras. Para millones de mujeres, cuyos cerebros fueron machacados desde la más tierna infancia con las normas patriarcales de los cuentos infantiles, el matrimonio es la mera razón de su existencia (aunque luego descubran que hay vida más allá de éste).

Debo decir que no creo que los hombres estén genéticamente inhabilitados para gozar el aquí y el ahora de las relaciones de pareja de largo plazo, creo que muchos lo están porque viven subsumidos en una cultura machista (aunque ellos no sean del todo machos). Una cultura que diariamente les recuerda que ser hombre "de verdad" significa mostrar discapacidades emocionales y románticas. Que eres tan hombre como la cantidad de personas con las que has tenido sexo en promiscuidad sin sentimientos afectivos, y por tu capacidad para vivir en el peligro de la infidelidad.

Para corroborar mi hipótesis, me di a la tarea de entrevistar durante dos semanas a los hombres que conozco, para después entrevistar a mis amigas. El resultado es apabullante: todos viven con la secreta sensación de que los solteros a su alrededor gozan de una vida sexual emocionante, que seducen mujeres —u hombres— al por mayor, que beben *champagne* mientras ven el *Superbowl* metidos en un *jacuzzi* con bellezas esplendorosas, que a su vez aman los deportes rudos (ija!). Con esas fantasías en mente, la gran mayoría, aunque estén enamorados de su pareja, creen en su fuero interno que la vida en yunta es un desperdicio y que ellos se están perdiendo del verdadero placer de ser varones.

La verdad, sin embargo, es que —fuera de algunos que han pagado por sexo profesional o servicios de acompañantes— de solteros ninguno vivía en ese constante paraíso erótico que ahora imaginan. Más bien su soltería fue desafortunada, llena de desprecios y plantones, de inseguridades para seducir, de relaciones complicadas y fines de semana solitarios, acompañados de una lata de atún, cervezas y una clara sensación de vacío afectivo.

Sin embargo, los hombres en general ven la infidelidad como una pequeña visita a ese mundo fantástico que han sacrificado del todo, por tener una pareja estable y una familia feliz.

Las mujeres, en cambio, dicen tener mayor capacidad de disfrutar el aquí y el ahora. La gran mayoría que decide casarse o emparejarse con compromiso de fidelidad, tiene claridad de que está donde quiere estar. No quiero decir que las mujeres no tengan fantasías, pero lo cierto es que no tienen la misma carga de insatisfacción de las fantasías masculinas. Tal vez también esto esté relacionado con la educación sexista. Ser mujer "de verdad" significa, aún, portar los valores de la ternura y la fidelidad; para millones de mujeres sometidas al ideal social la meta es tener esposo y bebés a como dé lugar.

Lo cierto es que la mayoría de los estudios demuestran que los hombres son infieles porque se pasan la vida explorando, como dicen los economistas, su "costo de oportunidad". Es decir, quieren ver de lo que se están perdiendo por vivir en una relación monógama. Pero la mayoría de los que pierden su relación estable por la soltería, acaban emparejados nuevamente en menos de dos meses, por miedo a la soledad.

Las mujeres, en cambio, son infieles cuando carecen de afecto y de una vida sexual activa, o cuando las tratan como la madre de sus criaturas y no como alguien con necesidades eróticas. Aunque en ambos casos hay sus excepciones, claro está.

Antes de escribir esto llamé a David. Le expliqué los resultados de mis pesquisas y le pregunté a bocajarro: "¿Si eres tan celoso y estás tan convencido de la infidelidad masculina, cómo haces con Joel para sobrevivir su preocupación por el costo de oportunidad?" Su respuesta fue maravillosa: al menos una vez cada dos meses sale con su pareja a un antro de moda al que la gente va a buscar aventuras. Observan a los personajes, miran cómo sufren, le hace ver que hay mucho menos guapos en el mundo de los que nos muestran las películas de amor y aventuras o la serie *Queer as folk*. En general, un baño de realidad de vez en vez le da resultado. Y por si las dudas, de cuando en cuando saca a relucir en la conversación lo miserable que se pasó los años de soltería antes de conocerle: tiempos de soledad, desasosiego, relaciones tortuosas, latas de atún y mañanas con la cama fría y la mano tibia. Lo que yo creo es que soñar no cuesta nada; sin embargo, a veces explorar el sueño es un desastre. ¿Alguna vez le has preguntado a tu pareja si extraña la soltería?

Engañadores profesionales

Mi amiga Cristina es una mujer de cuarenta años, brillante artista plástica y muy atractiva. La miro mientras habla fumando un cigarrillo tras otro —como si en el tabaco fuera a hallar la verdad—. Me invitó a tomar un café, pero pidió un *vodka tonic*. Creí que nos reuniríamos para celebrar su nueva exposición en la ciudad de México y por las maravillosas críticas que recibió su obra. Pero no. Estábamos allí para hablar de Felipe. Su amante, hombre separado (que no divorciado) desde hace años, un seductor profesional, carismático, simpático hasta el tuétano, brillante intelectual y, a decir de Cristina, el mejor amante que jamás haya tenido.

Su relación es moderna. Cada quien vive en su casa. Acordaron ser amantes y jamás lastimarse intencionalmente. La regla, desde hace cinco años, fue que lo hablarían todo y ninguno se quedaría por la fuerza en la relación.

La historia de Felipe es la de un hombre exitoso que desde que regresó de su luna de miel le fue sexualmente infiel a su esposa, una colombiana fogosa. Su argumento es que le fascina el sexo a todas horas y con cualquier mujer. Veinticinco años después de casado, y dos de separado, con Cristina encontró a una persona apasionada con quien vivir una sexualidad libre y consistente. Incluso ella le insistía que si tenía sexo con otra persona, utilizara preservativo y no le platicara. Según mi amiga, las cosas iban muy bien.

Hasta hace dos semanas, cuando ella lo invitó a la inauguración de su exposición, la más importante de su vida.

A Felipe, desde hacía unos seis meses, le estaba llamando a su celular una ex amante que no veía desde hace una década. Cris le insistió en que la viera, pero él aseguró que no le interesaba, se mostraba incómodo de que la mujer le llamaba llorando para decirle que dejaría a su esposo e hijos si Felipe se lo pedía.

Cristina estaba en el Distrito Federal desde hacía tres días, Felipe se hospedó en un hotel de Reforma y quedaron en que ella lo alcanzaría para salir juntos y celebrar allí mismo su éxito. Ella llegó una hora antes, el botones la guió a la habitación y al entrar lo encontró bastante servido de copas, el cuarto hecho un desastre. Felipe estaba con el cuerpo sudado de sexo y hablando quedito explicándole a Cris: "Ella está en el baño".

Mi amiga salió de la habitación, él fue tras ella y en el pasillo le pidió que hablaran. Luego de un desagradable diálogo, en el cual él insistía en que nada había sucedido, Cristina subió a otra habitación, se refrescó y se fueron a la galería. Ella pasó la noche con ganas de llorar, sintiéndose profundamente lastimada, e incapaz de gozar. Él, muy cariñoso, como si nada hubiese sucedido.

Para Cristina lo doloroso no es que él se hubiese encontrado con su amiga, sino que eligiese un escenario telenovelesco para que ella lo viera. Su instinto le aconseja que debe terminar la relación.

Yo le dije que Felipe, al igual que muchas personas profesionalmente infieles, no vive en realidad de la pasión e intimidad sexual con múltiples parejas, sino de la necesidad de sentirse deseado al extremo, de sentirse necesitado. A tal extremo que en ésta, su primera relación sana con una mujer liberal, él desarrolló una estrategia y planeó un escenario para demostrar su poder de hacer daño, de dominar, de ser deseado por otras mujeres. Tal vez su misoginia al desnudo.

Curiosamente eligió una noche en que ella sería el centro de atención. ¿Estaba celoso de su éxito?, se preguntó mi amiga, expeliendo el humo del cigarro con melancolía. No lo sé, podría ser. Pero lo importante, creo, es entender que Felipe, a sus cincuenta y dos años, es dueño de una incongruencia extraordinaria. Lo que él considera una visión liberal de las relaciones amorosas, es en realidad una incapacidad insondable para hallar la profunda y real intimidad. Como mucha gente de su generación, es víctima del tabú, y confunde el goce de las sensaciones límites negativas con el placer erótico profundo y real. Cree que para que una mujer le demuestre su amor, necesita herirla; sólo así se siente poderoso y deseado.

"Pobre", dijo Cristina, y descubrí en su mirada que había decidido terminar la relación. Nos abrazamos y me sentí orgullosa de la inteligencia emocional de mi amiga, y pena por la inmadurez de Felipe y de miles de hombres y mujeres que, como él, confunden ser liberales con ser anticuadamente infieles, que viven el amor y el dolor como una dupla inseparable.

Vidas secretas

Miraba la otra noche a la gente en el *lounge* de moda de Cancún. Las risas y el alcohol, el deseo en el aire, las miradas furtivas. Ellos y ellas haciendo su danza de la seducción… Una rubia camina frente al galán, dejando la huella de su perfume. Él la mira, sus amigos lo envalentonan; ella se sienta. Baila sola para hacerle saber que quiere divertirse, él se acerca. Es guapo, las amigas lo aprueban. La música es alta, tanto que para hablarse es necesario que ella sienta el aliento de él en su oído y entonces él aspire el aroma del cuerpo; la química erótica estalla. Los altos decibeles acercan los cuerpos irremediablemente.

El cortejo es delicioso. En los ambientes nocturnos encontramos amantes y hasta nos enamoramos. A veces son útiles para descargar el estrés. A veces el juego es amargo, porque se trata de una suerte de "amor rápido" en el que la o el sujeto del deseo debe cumplir expectativas imaginarias de quien le quiere seducir. Todo esto obnubilado por el alcohol, el tabaco y la hormona alborotada.

Mi abuelo me dijo a los quince años que si quería conocer a un hombre en verdad, convenía emborracharlo. Yo, debería mantenerme sobria y auténtica: reírme, bailar, hablar con hombres y mujeres. Y luego medir sus reacciones, así lo forzaría a revelar su verdadera actitud para con las mujeres. Sobra decir que el viejo era un sabio y que su teoría aplicó el cien por ciento de las veces. Lo cierto es que la pasión, si no va acompañada de la razón y el equilibrio personal, puede ser desastrosa. En la vida nocturna nacen y se pierden pasiones, a veces de amores buenos, y otras de desesperación por el vacío existencial.

Casi toda la gente anda en busca de amor; algunas en forma de sexo casual, porque el deseo erótico responde en gran medida a una ansiedad de aceptación, de ser tocada, de dar y recibir placer de otro ser vivo. A veces en la soledad sólo queda asegurarnos que existimos a través de los otros u otras como espejos para mirarnos.

Ahora bien, el problema es que la mayoría no sabe bien qué es el amor. Nos han educado bajo las reglas del amor iluso, en el que la mayor parte del tiempo ambas personas esperan de la otra más de lo que se es capaz de dar. Se enamoran de la ilusión que esa persona inspira; no del verdadero otro, u otra. El amor en pareja se conviete, así, en una extraña negociación de voluntades, en un intercambio de mentiras y sacrificios que generan gran desasosiego. La cultura amorosa es tan pobre, y tan poca nuestra capacidad para conocer y gozar la otredad, es decir, la diferencia entre yo y la o el otro, que por no explorar y aceptar a las personas, preferimos convertirlas en nuestros delirios interpretativos. Nos adueñamos de un cuerpo y, a cambio de tener pareja, le adjudicamos virtudes falsas, ignorando su otredad. Así, mucha gente se casa y, bajo estas reglas, el matrimonio se convierte en un contrato legal en el cual lo único que se obtiene es un ser humano en copropiedad.

Decía mi madre que toda persona tiene derecho a un territorio personal —una vida secreta— ajeno a la pareja. En los antros vemos gente buscándose un pedacito de esa vida secreta, en la que toda persona se acepta, se ve bella y se desea.

Tal vez, para tener una relación sana, deberíamos eliminar el sentido de propiedad; comprender que en las relaciones hay tres territorios: el mío, el tuyo y el de ambos, y aunque pueden coincidir sanamente, no deberían ser invadidos. Creo que el romanticismo cursilón ha dado al traste con el amor auténtico, ahora hasta los poetas son esclavos del amor mártir. Jaime Sabines escribió: "Me quité los zapatos para andar sobre tus brazas/ Me quité la piel para estrecharte/ Me quité el cuerpo para amarte / Me quité el alma para ser tú".

El problema es que después de la pasión inicial, ya en lo cotidiano, una pide que le devuelvan el alma y el cuerpo, pero nada, ya está en manos de la otra persona y la negociación es casi imposible. Algo anda mal en la concepción del amor tradicional, ¿no crees?

Parejas ideales

Mi amiga Sandra dice que es una soñadora, y adjudica sus fracasos sentimentales a la incapacidad de sus ex parejas para comprenderla. Una noche que platicábamos del amor y el desamor, acompañadas por un exquisito mezcal de Zacatecas, explicó que en realidad el problema no es que ella tenga un hombre ideal, sino que los varones se hacen pasar por su falso príncipe, y cuando ella se percata del engaño, ellos —claro está— niegan haberse hecho pasar por sapos besadores.

Éste es un tema que conversamos mi querida Sandra y yo desde hace veinte años. Así que en esta ocasión, augurando el tema, le regalé unos apuntes sobre el libro *El amor es como una historia* (1999), del psicólogo social Robert Sternberg, de la Universidad de Yale, el cual es una maravilla.

En este ensayo, el equipo experto en relaciones de pareja demostró que las personas tienen "ideales de relaciones amorosas". Aseguran que los ideales controlan la formación de nuestra historia romántica y por supuesto de la felicidad que emana de ella. Las primeras relaciones románticas de la adolescencia se basan en lo que esperamos de la o el otro, y es necesario pasar de la etapa del romanticismo ficticio, para llegar finalmente al real.

El problema es que mucha gente, como mi querida amiga, se concentra más en su intento de perpetuar la relación ideal que en el de conocer realmente a la otra persona y establecer vínculos sanos; es decir, que en lugar de que el afecto se base en quién es la pareja potencial, se fundamenta en las expectativas que ponemos sobre él o ella sin su consentimiento.

Según estos especialistas, "la ilusión es el intento de hacer realidad el ideal", y esta ilusión se viene abajo cuando el comportamiento real de la otra persona ya no puede alimentar la ficción, producto de nuestra imaginación.

Pongamos como ejemplo a Rodolfo y Sandra. Desde adolescente Sandra imaginó a su hombre ideal como un intelectual meditabundo e interesante, soñaba con un hombre que la mantuviera fascinada con sus conversaciones y su melancolía de poeta. Cuando conoció a Rodolfo, éste era silencioso y un lector voraz, un poco desaliñado, lo cual a ella le parecía parte de su personalidad *hippy*-intelectual. Luego de cuatro años de vivir juntos, y de un desastroso rompimiento, Sandra cuenta que el sujeto en verdad no es un tipo genial como los personajes de las novelas. Es en realidad un asocial neurótico que no gusta de hablar con nadie, ni se interesa por nada, fuera de sus libros y un trabajo que le permite pagar la renta y comer. No es un estudioso de la vida, con múltiples facetas creativas –dice mi amiga–, sino un vaquetón sin metas ni sueños, que se puede pasar tres días con la misma ropa y a quien la higiene personal le da lo mismo.

El estudio de Robert Sternberg concluye con argumentos que tal vez suenen demasiado elementales, pero sin duda resultan ciertos: las personas que comienzan sus relaciones con historias poco realistas, basadas en su ideal fantasioso o misterioso, a medida que aumentan las responsabilidades cotidianas, terminan drásticamente. Se sienten traicionadas. La única manera –dicen los expertos– de mantenerse en una perenne historia de amor ideal, es pasar la vida como saltamontes, de relación en relación. Lo cierto es que el vacío existencial que esto deja resulta inconmensurable.

Sandra cree que tal vez su problema radique en que cuando ella nació su padre la abandonó, e intuye que ese abandono propició que desarrollara una imagen ideal de hombre. Creció rodeada de abuela, tías y amigas de su madre, todas mujeres fuertes. No tuvo cerca la imagen de un hombre normal, amoroso, con defectos y virtudes, y se ha inventado un tipo ficticio que sólo existe en las películas de Hollywood.

Luego de un par de mezcales, Sandra tomó mi libreta de notas y escribió con determinación las características de su ideal masculino. Después de darles lectura, sobrevivimos un ataque de risa. Eso no es un ideal, ¡sino un imposible!, le dije. Luego escribió una lista de los mínimos de un hombre normal.

Nada como aceptar a la gente por quien es, no por lo que esperamos de ella, le dije. A mí me funciona.

Dos cosas agradezco de mi amiga: su capacidad para reinventarse y su permiso gozoso para que yo publique nuestra conversación y sus dramas amorosos.

Conversaciones frente a la laguna

Estábamos en la terraza de un restaurante de Cancún, frente a la laguna, cinco hombres y tres mujeres. La hora del tequila y un buen habano alimentaban la conversación, la cual pasó de los problemas políticos de la nación a algo mucho más interesante: el amor y lo difícil que resulta hallar hoy en día una pareja feliz.

Para comenzar, mi amigo Federico pidió que definiéramos el amor. Encontramos que cuesta trabajo hallar una definición honesta y satisfactoria, y concordamos en que el amor es una emoción que procura la desaparición del sufrimiento y hace posible conocer la sensación de otredad (es decir, de atreverse a conocer a la o el otro diferente a mí y aceptarle). Pero sobre todo, hallamos que el amor real, o sano, es un sentimiento que favorece el bienestar de quienes se aman, y para que exista se precisa de respeto a las diferencias.

Digamos que el amor es un acto de colaboración para construir felicidades distintas y compartidas. Y el problema fundamental para hallarlo está en los juegos de poder que establecemos al comenzar una relación de pareja. Casi toda la literatura romántica –dije yo– nos enseña la lógica de la dominación; a ella sumemos los programas de televisión, las películas de melcocha romanticota, y tendremos una bomba de tiempo. Guillermo dice que la palabra incomunica y que cuando el amor se define se le humilla. Yo respondo que lo que no se nombra no existe... y seguimos.

Todo a nuestro alrededor dice que las relaciones amorosas se basan en la conquista, y consideramos inevitable buscar los significados de "conquista"; resultó deprimente, significa batalla, asedio o adquisición de un botín. Nos pareció terrible el contenido emocional de las palabras. Cuando de amor se trata, los grandes maestros y maestras, desde Shakespeare hasta Alfonsina Storni, nos recuerdan que en las relaciones erótico-románticas priva la dialéctica del poder; esto quiere decir, según mi amiga la economista, que la dominación crea siempre exclusiones, tanto individuales como sociales. Y como la exclusión genera desconsuelo, los juegos del amor acarrean gran infelicidad.

La cosa se puso como para pedir otra botella de tequila, pero valió la pena... dicen que el agave es afrodisiaco. Alcanzamos, pues, otro acuerdo entre risas y atropellos: quienes andamos en la segunda vuelta para enamorarnos (la generación de 40's *divorcés*) quisiéramos democracia en el amor. Así como en la sociedad del libre mercado los valores democráticos no tienen cabida, el rico excluye al pobre, el fuerte al débil, en las relaciones afectivas nos enseñan que los valores masculinos son el poder y el dinero, por tanto la dominación, y como los femeninos son el amor y el cuidado, le corresponde —aparentemente— la sumisión y el servicio al poder.

Aunque parezca que ya no nos regimos por esos valores, lo cierto es que la mayoría de las parejas en algún momento sigue los viejos paradigmas culturales de la relación amorosa, o de familia antidemocrática. Nietzsche decía que la felicidad del hombre es decir "yo quiero" y la de la mujer es decir "él quiere". Lo cierto es que entre que definimos qué fue primero, si la sociedad o la pareja que la compone, hallamos que las relaciones amorosas, que a veces llevan a tener familia, son un reflejo de esa sociedad donde domina la dialéctica del poder. Es decir, lo público es privado y viceversa.

Basta observar detenidamente a una pareja, y hallaremos de inmediato el lenguaje del cómo y quién ejerce el poder en ella. En las relaciones íntimas descubrimos, muy a pesar nuestro, a una sociedad que ya no quiere ni machos ni hembras, pero que a menudo sigue alimentando esos valores. Muchos hombres se preguntan por qué "las mujeres" (como si fuéramos una célula terrorista y "las" significara "todas") quieren hombres no machos, que sean sensibles, amorosos, equitativos pero fuertes, valientes y protectores a la vez. Y ellas dicen que "los hombres", otra vez como si fueran bulto de iguales, las buscan inteligentes, simpáticas de buen ver, trabajadoras e independientes, pero calladitas, Barbies, que jueguen a que saben menos que ellos y los necesitan hasta para abrir la puerta. Concluimos que el filósofo alemán estaba muy equivocado, que la felicidad del hombre y de la mujer está en decir qué necesito yo, individuo, qué necesitas tú, individua, y qué necesitamos nosotros, pareja. Y allí estábamos, las amigas y los amigos llenos de amorosos pensamientos, descubriendo cuán difícil resulta deshacernos de los viejos modelos del amor, y aprender nuevas herramientas para ser felices. En una sociedad de competencia, materialista y que enaltece los valores superficiales, eliminar los juegos del poder es una de las tareas más difíciles de alcanzar, y para ello se necesitan dos personas convencidas de democratizar su convivencia afectiva sin abusar ni dejarse dominar y una sociedad que perpetúe esos nuevos valores del amor. Y brindamos por la posibilidad de nombrar el amor de formas diferentes.

El hombre perfecto

Se cerraron las puertas de la cantina, el dueño miró el reloj, eran apenas las siete de la noche, y como su pareja era una de las amigas del tequila que nos acompañaba entre risas y apuestas, el hombre sonrió, se despidió dulcemente y tras un beso presumió: "Diviértete amor, yo te espero en casa, hoy me encargo de los niños"; al terminar me miró de reojo y nos sonreímos, por más que le insisto en que yo no soy la policía feminista de Cancún, responsable de la equidad entre hombres y mujeres. "¡Por si las dudas!", me dice siempre cariñoso.

Las siete mujeres seguíamos allí, haciendo apuestas sobre la posibilidad de un rarísimo fenómeno sólo comparable al del descubrimiento del genoma humano y cuya existencia aún no ha sido científicamente comprobada: el hombre equitativo.

Quedó claro que para establecer qué cualidades se precisan para definir a este raro espécimen, hablaríamos de la pareja, ya sea en unión libre, en vínculo amarrado por acuerdo conyugal, o la pareja estable de entrada por salida. Primeramente, como todas trabajaban triple jornada —es decir, la del hogar, la maternidad y la de la chamba que sí paga—, decidimos medir el tiempo libre de nosotras y el de ellos. Ninguno pasó la prueba: la mayoría de los hombres pueden salir a comidas "de trabajo" y pasarse en promedio tres horas y media en el restaurante con un par de tragos para "cerrar el negocio". Las mujeres, en cambio, pasan por las criaturas a la escuela, corren a casa, sirven de comer, se lavan los dientes, un poco de labial y de regreso a la chamba. En la noche llegan juntos, ella a revisar tareas, él a dar abrazos y besos. El 90% del tiempo él enciende el televisor y comenta que está agotado, ella se dirige a la cocina y, tallándose el ojo, hace buches pensando que lo mejor es embucharse un cereal con leche e irse a la cama de inmediato. La mayoría coincidió en que ellos amablemente sugieren un sandwichito, ¡tal vez hasta ayudan sacando la mostaza y la mayonesa del refrigerador! Los que lavan los trastes le dedican a la tarea exactamente diez minutos, ella ve que se laven los dientes y acuesta a las criaturas, él les va a dar las buenas noches en dos minutos.

Curiosamente, mientras sacamos la contabilidad de las horas dedicadas a cada tarea, ahora ya con papel y pluma en mano, los tragos de tequila aumentan al igual que las carcajadas y las amorosas justificaciones para ellos.

La mayoría concluyó que una buena parte de los hombres es suficientemente inteligente y hábil para reparar el radiador del auto y cambiarle mangueras y anticongelante en veinte minutos, pero es incapaz de separar las ropas blancas de las de color para meterlas a la lavadora, o simplemente de lavar los trastes sin dejar la cocina como zona de desastre por inundación, con vasos que apestan a huevo y tazas con el anillo de café marcado en el fondo. Son capaces de recitar de memoria los nombres de todos los jugadores de las Chivas, de nombrar los diez mejores juegos de la temporada de la NFL, pero incapaces de recordar que hay que recoger a Jorgito de la fiesta infantil a las seis en punto. Redescubrimos que somos esclavas de la "idea" de lo que ser hombre o ser mujer significa. Al final del día, las liberadas del siglo XXI nos mordemos la lengua cuando decimos que ellos no perfeccionan su papel de pareja, de "igual a igual", porque nosotras usamos los dos lados del cerebro y somos no sólo multiorgásmicas, sino dueñas de habilidades exclusivamente femeninas, como las "multitareas".

Cientificismos aparte, lo cierto es que seguimos atrapadas en el cliché de "lo idealmente masculino y femenino", y mientras sigamos repitiendo este doble discurso, el tiempo libre será de esos hermosos seres que se sientan a ver la tele jugando secretamente a hacerse "domésticamente inútiles".

Tal vez, como sospechamos, no existen los hombres perfectos, y nadie gane la apuesta, sólo que sería más fácil discutirlo si los maridos no las hubieran sacado de la cantina porque un niño lloraba y él no sabía consolarlo, o porque los uniformes de mañana no están lavados y él no sabe encender la lavadora. Todas salieron disparadas y no me dejaron recordarles que hoy es la final de América contra Chivas. ¡Así es la vida!

El tal Lord Byron

En cierta ocasión me encontraba en un desayuno con más de trescientas integrantes de la Asociación de Mujeres Mexicanas Jefas de Empresas (AMMJE), digamos que es lo que las empresarias crearon al verse excluidas de ese masculinísimo "Club de Tobi" llamado Coparmex.

Mi amiga Laura miró a nuestro alrededor y, con una honestidad flagrante, comenzó a contar cuántas de esas triunfadoras de los negocios estaban emparejadas y cuántas divorciadas por atreverse a añorar una vida propia. "¿Qué estará pasando con las mujeres y los hombres? ¿Será que termine esta crisis en la que no nos entienden cuando queremos equidad?", preguntó Laura.

Yo le recordé la celebérrima frase de Byron: "El amor de un hombre ocupa sólo una parte de su existencia, el amor de una mujer es su vida entera". Bajo ese precepto —inventado por un hombre, dicho sea de paso— miles de mujeres y hombres han navegado en las relaciones amorosas. Desde Corín Tellado hasta las típicas abuelas mexicanas, la educación sentimental nos inculca la necesidad de hacer del amor y el servicio a los otros el motivo de nuestra existencia.

Las mujeres, desde hace siglos, para no ser excluidas socialmente, debemos someternos a un paradigma que Marcela Lagarde llama el "cautiverio de las mujeres". Nos lo dicen las reglas sociales enseñadas a las abuelas y perpetuadas por los abuelos, nos lo repiten los medios, el cine, la literatura: que centremos nuestro motivo de existir en un sujeto bípedo del género masculino y hagamos de él un príncipe valiente; es decir, el *leit motiv* y el milagro de nuestra existencia femenina. Ser madres-esposas es la meta que nos dignifica. O si elegimos otro camino socialmente aceptable, mejor que sea el de monja, porque sublima la virginidad femenina sometida dulcemente a un solo y único Dios (que fue creado a imagen y semejanza del patriarca). Porque el otro camino culturalmente marcado, por lo que nos dijeron las abuelas, es la prostitución. Y como diría Lagarde, si las opciones son madre-esposa, monja, puta o loca, ¿cuál eliges?

Una diseñadora de ropa dijo a bocajarro: "Yo soy todas y ninguna. Yo estoy harta de ser el accesorio de hombres con quienes salgo; mi vida es muchas cosas y entre ellas me gustaría un buen hombre, pero no quiero que sea el centro de mi existencia".

Con semejante exigencia, me parece que resulta más sano amar desde el punto de vista de lo masculino bayroniano que desde lo femenino. Y creo que eso es precisamente lo que descubrimos las mujeres modernas: que el amor a una pareja debe ser una de las piezas del fascinante rompecabezas de nuestra vida. Cuando el sujeto (o la sujeta) amado es el epicentro de nuestros afectos, siempre por encima de una carrera, de las pasiones, de las amistades de ambos, se augura desastre, soledad e infelicidad. Porque también ese príncipe, producto de la fantasía de Corín Tellado, se convierte a largo plazo en el objeto de nuestras frustraciones; e incluso, a veces, en víctima de los infortunios de la princesa *wanabe*.

Una mujer que había pasado silenciosa el desayuno nos miró y señalando con el tenedor dijo conmovida: "¡Pues yo creo que la historia empieza cuando te fundes en sus brazos, y termina cuando tus brazos se funden en su fregadero, yo por eso lo dejé y abrí mi empresa de banquetes a domicilio. Ya estuvo bueno, yo decidí que alguien debería retribuirme por esclavizarme en la cocina!", acto seguido, engulló plácidamente sus chilaquiles verdes.

Todas nos miramos y compartimos un suspiro con un "No, pues sí", y ninguna se atrevió a comentar nada.

Al final, concluimos que el feminismo abrió las puertas de las mexicanas a la vida pública, a la educación, a la libertad de expresarse en lo intelectual y en lo erótico, a reclamar el cuerpo como propio. Que las feministas, como Juana de Asbaje, como mi madre, como mis maestras Cecilia Loría o Marcela Lagarde, abrieron caminos para que nosotras disfrutáramos de la maravillosa posibilidad de recrearnos en ese mundo público y polifacético antes habitado casi exclusivamente por hombres. Y tal vez, ocupadas en tantas reivindicaciones sociales y políticas, las revolucionarias se olvidaron de reivindicar, al menos públicamente, las nuevas formas de amar en equidad.

Probablemente algunas feministas mexicanas sí exploraron el amor, pero, en ese camino entre las ideas de la Academia y su aplicación, o la vida de una activista enamorada, se debatían entre su propia idea del amor y una nueva que construyeron con sus compañeras o compañeros eróticos, pero no la compartieron con el resto de las mujeres jóvenes.

Lo cierto es que millones de hombres mexicanos, a quienes les pasó de noche el movimiento de mujeres como tal, hoy en día viven, a veces, sin percatarse de sus maravillosas consecuencias. Entre éstas está el poder convivir con mujeres polifacéticas, libres, que lejos de centrar su vida en ellos, aman de manera más sana y respetuosa. Aunque está claro que muchos no saben qué hacer con esa nueva realidad que los enfrenta a lo que ellos interpretan como un vacío de poder y dominio sobre las mujeres "desobedientes". Hay incluso quienes argumentan, no sin bases, que el aumento de feminicidios en países como México, España, Guatemala y Canadá se relaciona con las mujeres que buscan su libertad y los hombres que se niegan a aceptar que tienen derecho a ella.

También están las otras mujeres, las que aún viven en medio de esa transición cultural: educadas como princesas, tituladas, y con aspiraciones múltiples, pero víctimas del guión de telenovela mexicana. Y su contraparte: ellos, educados para la libertad, pero que buscan una mujer liberal, que les *couchee* desde el hogar perfecto una carrera profesional exitosa, que sea sensual y les planche las camisas como su madre a su padre, pero que no pida las mismas libertades, mimos y sacrificios a cambio de una relación amorosa de largo plazo.

Tal vez lo que sucede, concluyó Laura, es que estamos en crisis de la "construcción del género amoroso" y que esa revolución no se dará si no le entramos las mujeres y los hombres a la vez. La próxima ocasión, le dije riendo, nos vamos a un desayuno de señores de la Coparmex y sacamos el mismo tema: vamos midiéndole el agua a los camotes. Todas asintieron.

Sexo, mentiras y matrimonio

Hablar con algunos hombres sobre sexo es casi siempre como hablar con los que practican la pesca deportiva: la mayoría exagera en el tamaño y la cantidad de los peces que captura, y miente luego acerca del trabajo que le costó engancharlos.

Según la experta en sexualidad Sheri Hite, autora de los famosos libros del informe Hite de la sexualidad femenina y masculina, más de la mitad de los varones miente acerca de su vida sexual. Resulta que al responder sus cuestionarios, los hombres saben que no están bajo la mirada juiciosa de sus congéneres y confiesan que generalmente, a partir de la adolescencia, duplican el número real de relaciones sexuales que han tenido. Las mujeres, por otro lado, las minimizan. Esto arroja un resultado extraño, digno de ser analizado. Veamos.

La primera disyuntiva se nos presenta cuando tenemos a 100 hombres de entre 28 y 45 años que confiesan haber tenido relaciones sexuales con un promedio de 20 a 28 mujeres, y por otro lado, a un grupo de mujeres de las mismas edades que han tenido en promedio de 7 a 12 compañeros sexuales. La primera pregunta sería: ¿dónde están las otras 13 o 16 mujeres que tuvieron sexo con hombres?

La primera respuesta es muy simple: 35% de las mujeres casi siempre miente en cuanto al número, esto aplica a las mayores de 30 años, con más cargas emocionales por los tabúes sociales. Los números se acercan cuando descubrimos que 65% de los hombres tiene relaciones sexuales con mujeres cada vez más jóvenes.

Es decir, su primera relación sexual podrá ser con una sexoservidora mayor que él o con una novia o amiga de su edad, pero conforme pasan los años, los hombres buscan mujeres más jóvenes, por tanto nuestra variante es menor, dado que se encuesta a hombres y mujeres de las mismas edades. Está bien… de acuerdo, digamos que 30% responde a la diferencia en la falla metodológica de la encuesta.

Luego tenemos a los que asisten con trabajadoras sexuales: una sexoservidora mexicana que atiende a la clase media y alta tiene relaciones con un promedio de 25 hombres diferentes a la semana, las que atienden a la clase baja llegan hasta a 40 a la semana. Aquí encontramos otro vacío estadístico: las sexoservidoras no están incluidas en las estadísticas; sin embargo, nos siguen sobrando hombres o faltando mujeres. ¿Quién miente? Sólo Dios sabe (y dicen que es hombre).

Esto nos lleva necesariamente a los mitos sobre la sexualidad. Uno de ellos es que los mexicanos son grandes amantes, aunque éste es tirado por la borda según un estudio publicado en *La Jornada*, que asegura que los hombres de tierra azteca duran en promedio 16 minutos en una relación sexual, muy por debajo de la media mundial. Sigue el mito de la infidelidad: las mujeres mienten, los hombres también. En *El informe Hite de la sexualidad masculina*, la gran mayoría (97%) reporta ser feliz en su matrimonio; sin embargo, el 72% de los hombres con más de dos años de casados mantiene relaciones sexuales fuera del matrimonio; lo curioso es que el 90% de ese 72% dice que lo hace sin culpa porque a sus parejas no les gusta el sexo tanto como a ellos.

Y nos vamos a *El informe Hite de la sexualidad femenina*; ahí, de 919 mujeres entrevistadas, 735 dijeron gozar tremendamente del sexo y desear sentir una excitación que su pareja es incapaz de darles. También, 349 dijeron que les gusta mantenerse excitadas por largos periodos y que sus esposos no lo logran.

Los estudios tiran por la borda la versión oficial de que las mujeres no tienen orgasmos porque están siempre cansadas o porque al tener hijos pierden interés en el sexo; la realidad es que pierden interés en el sexo con su marido y añoran buenas relaciones eróticas.

De 7 mil hombres entrevistados, el 92% dice que le gustan mucho las caricias antes del sexo, contrario a la *vox populi*, que asegura que sólo las mujeres quieren más caricias previas. Ellos se quejan de que la esposa no los seduce y pierde interés en tocarlos y jugar sexualmente, y ellas de que él no las seduce tocándolas más (parece ser que en el matrimonio impera la ley del mínimo esfuerzo). Los hombres tienen relaciones extramaritales en busca de más sexo y de la reafirmación de su masculinidad, las mujeres en busca de la reafirmación de su feminidad, de la valoración de su inteligencia y, por supuesto, de más placer sexual.

El 100% de los varones aseguró masturbarse con frecuencia solamente para autocomplacerse, pero esto no significa que no estén sexualmente satisfechos. De 3 mil mujeres, el 82% declaró que se masturba para alcanzar el orgasmo, que no logra con su pareja, y el 92% alcanza el orgasmo cuando quiere en un tiempo de entre 4 y 6 minutos con la autoestimulación; con su pareja deben esperar entre 12 y 15 minutos para lograrlo.

Otra falsedad sobre la falta de romanticismo de los hombres: de 7 mil hombres, el 96% confesó que los momentos más importantes de su vida los ha vivido con alguna mujer; de las 3 mil mujeres, el 90% dijo que habían sido momentos con amigas, su familia o sus padres, aunque también incluían a la pareja, pero no como el personaje principal. Aunque en parejas casadas la apariencia importa, la mayoría de los hombres dice preferir a una mujer "totalmente *fellatio*" antes que a una "totalmente palacio", y esa mayoría masculina no encuentra el drama en la celulitis normal o en unos kilitos de más. La cultura del consumismo ha esclavizado a las mujeres al estereotipo femenino "Barbie", que millones de hombres no desean en realidad.

A la basura se fue también el mito de que las mujeres buscan cariño y no placer en la relación de pareja; casi el mismo porcentaje en ambos sexos (92%) declaró buscar tanto cariño y cercanía como placer en la relación sexual con su pareja.

El estudio de la doctora Betty Dodson denominado *Liberando la masturbación* (*Liberating masturbation*), muestra que el 62% de las mujeres no admite abiertamente que se masturba, y el 42% no confiesa a su esposo que es la única forma en que logra alcanzar el orgasmo; las causas se dividen en dos: las esposas sienten que los maridos no pueden soportar el hecho de que no son tan buenos amantes como creen, y la otra es que ya se los dijeron en varias ocasiones pero ellos siguen sin encontrar el punto G y sin saber manipular el clítoris adecuadamente y sin torpeza.

El tabú masculino: el punto G o punto P de los varones está en la glándula prostática. La mayoría confesó que permiten que sus amantes se los toquen pero les daría pena pedírselo a sus esposas (aunque también el proctólogo se los ha tocado en condiciones muy diferentes). El punto G de la mujer es una esponja uretral que se encuentra al frente, a mitad del camino entre el hueso púbico y el cuello del útero, es del tamaño de una luneta y en él convergen terminales nerviosas, vasos sanguíneos, glándulas y conductos que hacen reverberar el placer en todo el cuerpo de la mujer, es el punto del cual surgen los placeres del orgasmo en millones de mujeres. Las estadísticas de la doctora Hite dan un 10 con estrellita a las mujeres lesbianas. Hay mujeres que dicen que hacerle el amor a otra mujer es como hacerse el amor a sí misma; eso es lo que yo llamo conocimiento de fondo y forma.

Según el sexólogo y psiquiatra mexicano Carlos Rodríguez, sólo 10% de los hombres mexicanos ha entendido lo que es y cómo estimular el punto G de la mujer; incluso algunos se atreven a negar su existencia a mujeres que lo gozan. No es de extrañar, pues el mismo galeno asegura que según Masters y Johnson, sólo el 35% de los varones sabe estimular correctamente el clítoris de la mujer; además, el mismo médico dice que el 60% de sus pacientes mexicanas no se atreve a estimularse el clítoris durante la relación sexual porque temen que su esposo piense que él no sabe darles placer.

Tres cosas quedan claras: que mentimos acerca del sexo, que ellos hablan mucho y saben poco, y que ellas hablan poco y piden menos.

Por eso, como diría el gran Michel Foucault, siempre resulta provechoso entender la contingencia histórica de las cosas para ver cómo y por qué llegaron a ser lo que son. Revisar nuestra propia educación erótica y sexual nos ayudaría a mejorar nuestras relaciones. Si un hombre no se pregunta cuál es su concepción real de la mujer, de los derechos de ella sobre su propio cuerpo, y no desarrolla su habilidad para conocer y descubrir a la mujer que ama, muy probablemente le estén regalando un "ah, ah, ahhh, allí, allií, sí, sí, sí, aauugh" totalmente falso.

No cabe duda de que el erotismo es como la política: todo mundo habla del tema, algunos abusan de él, otros se someten a sus mandatos, pero casi nadie sabe cómo funciona en realidad.

El botón mágico

En una reunión de bienvenida que me organizó un grupo de amigas en honor de mi regreso a Cancún, luego de un desafortunado evento judicial, Leda (la anfitriona) invitó a varias conocidas para brindar. A los veinte minutos de iniciada la plática y el brindis, yo comencé a hablar de la importancia de sentirse amada en momentos difíciles.

Entre bromas y seriedad, alguna sacó el tema de las diversas maneras de sentirse querida y aceptada. Hablamos sobre lo fundamental que es para nosotras, las amigas, buscar a nuestra tribu cuando nos sentimos abrumadas. Lejos de cualquier cursilería, tejimos una oda a la amistad del alma. No pasó mucho tiempo para que Rocío preguntara por qué resulta tan difícil encontrar un buen amante que, como las amigas, pueda entablar un diálogo de semejante intimidad.

Paty, que a sus veinticinco es libre y desparpajada, aseguró que el problema es que muchos hombres son incapaces de hallar el punto G. Yo sonreí; había comenzado a hablar del amor puro, de la amistad, pero mis amigas decidieron hablar del amor erótico, y yo estaba allí para alegrarme la vida y conjurar los miedos, así que no dije nada y escuché gozosa.

De inmediato, Rosario argumentó que estaba harta de los debates sobre el mentado punto que, al interior del cuerpo femenino, es capaz de desatar un río de placer. "Yo —dijo muy seria—, creo que estamos locas discutiendo el asunto del punto "je" cuando miles de hombres son incapaces de mencionar algo más evidente y superficial, pero fundamental para casi cualquier mujer: el clítoris".

Yo las miré azorada. La mayoría de ese grupo de amigas son al menos diez años menores que yo, y allí estaban, discutiendo el mismo argumento que escuché de mi madre y sus amigas cuando yo era quinceañera, y que luego (para no romper la tradición familiar) yo comencé a discutir con mis amigas desde los veinte. Así que decidí soltar la frase mágica: ¿Sabían que la única finalidad del clítoris es darnos placer? Tiene ocho mil terminaciones nerviosas, una concentración mayor que la que se da en el resto del cuerpo en un solo órgano, incluidas las puntas de los dedos, los labios y la lengua.

Más de una se sonrojó; Pita asintió con sus ojazos pícaros. Ella y Leda lo saben bien.

Curiosamente, la mayoría de las amigas pueden sentarse a discutir asuntos de sexo y erotismo con tanto detalle que abrumarían al "Donjuan" más convencido, y aunque esas reuniones por lo general son divertidas, llenas de picardía y buen humor, tienen casi siempre sus límites en términos de un discurso lleno de lugares comunes, más que de exploraciones reales de las mujeres. Yo les pregunté si habían leído a un tal Osho.

Lorena, que es fiel seguidora del gurú Osho, me obsequió un libro titulado *El libro de la mujer*. En su obra este místico moderno, que vende libros al por mayor, dice lo siguiente: "El varón tiene capacidad para un solo orgasmo, la mujer para múltiples orgasmos. Entonces él se asusta de la mujer por la sencilla razón de que si provoca un orgasmo en ella, entonces ella estará lista para media docena más y él será incapaz de satisfacerla. La única salida que el hombre histórico encontró es esta: No des a la mujer ni siquiera un orgasmo. No toques jamás su clítoris". ¡Vaya! Cuando yo era niña decían: "A la mujer, ni todo el amor ni todo el dinero". Ahora resulta que ya le sumaron: ni un orgasmo ¡La ignominia!

Tengo entendido que este gurú (como la mayoría de los que se lanzan al *marketing* del misticismo que encuentra respuestas sencillas para prácticamente todo) es un seductor profesional que lleva una vida erótica más que bien nutrida y polifacética. Sus detractores dicen que es un falso gurú.

Si le damos el beneficio de la duda al señor del turbante, podríamos hallar una justificación totalmente lógica para una emoción masculina erótica absolutamente ilógica: la paradoja del miedo al placer de la mujer, que según la Biblia, es la culpable de entregar la manzana del pecado.

¿Qué tan cierta será esta hipótesis? Les pregunté. Sólo pueden saberlo los hombres que hayan sentido en su fuero interno el temor de no poder satisfacer a una mujer encarrerada en el placer erótico. Así que nos dedicamos allí mismo a preguntarles a algunos amigos que se sinceran conmigo en temas personales. Para mi asombro, varios admitieron haber sentido —sobre todo antes de los treinta años— ese temor a no ser capaces de darle a una mujer excitada todo el tiempo que ella necesita.

La mayoría argumenta que con el tiempo perdieron el temor porque desarrollaron "herramientas sofisticadas", como, por ejemplo, que se puede hacer música con más de un órgano. Una vez que dejaron de sentirse incómodos con el hecho de que su pareja sexual guste de estimularse a sí misma durante el encuentro erótico, ellos aprendieron que una mujer multiorgásmica puede ser asunto de dos.

Compartimos estos descubrimientos. Ya entrada la madrugada, algunas prometieron charlar con sus parejas sobre las ocho mil terminaciones nerviosas y lo maravilloso que puede ser darle uso a un órgano que, como el apéndice, muchos consideran prescindible. Por su parte, mis amigas enamoradas de mujeres sonrieron, como sólo sonríen quienes poseen el secreto de la felicidad. Ellas no necesitan preguntar, pueden pasar el día entero disfrutándose sin miedos, por lo demás, aseguraron, no hay nada que un juguete sexual con forma de patito no haga por una pareja de mujeres. Pero al final, dijo Leda, salir a caminar tomadas de la mano es un alimento para la alegría que tiene que ver con construir la vida amorosa y el deseo.

Yo brindé por la libertad, por el amor. Y volvimos a las conversaciones sobre las amistades del alma y la importancia de sentirse acompañada en momentos difíciles. Y el hecho irrefutable de que las mejores amigas de las mujeres somos las mujeres, y del privilegio de sabernos cerca para soñar, para llorar y reír juntas.

El tao del amor

Hace tiempo, como un privilegio, fui invitada a la mesa de comida de un grupo de hombres que se reúnen cada viernes para cerrar la semana en un rito de amistad.

Algunos son mis amigos de años, a otros, en cambio, apenas los conocía. Así, las conversaciones con los más cercanos son muy íntimas, pues parten de años de discusiones sobre temas afines.

Esta vez, uno de los menos conocidos era Roberto, quien estaba fascinado por la extraña presencia de una mujer en una mesa de hombres, aunque en el entendido de que yo era "amiga de verdad", es decir, que por alguna razón para él desconocida, pasé la prueba de las sociedades secretas masculinas que me habilita como "amiga-amigo", o lo que es lo mismo, "aunque sea mujer". Frente a mí se podía hablar de todo sin cortapisas.

Al preguntar de qué hablaban, Roberto espetó: "Pues mira, hablamos de la libertad sexual y las esposas celosas". Y mordió su habano entre los dientes esperando mi reacción.

La conversación fue muy divertida, y acompañada de un buen tequila se hizo más sabrosa. Hablamos sobre la lealtad y la fidelidad sexual. Me quedé sorprendida: casi todos coincidían en la baja libido de las mujeres casadas. Roberto se atrevió a decir que el 80% de las mexicanas están sexualmente insatisfechas, que no es culpa de los hombres, sino más bien de la poca afición de las mujeres al sexo. Guillermo lo contradijo.

Algunos aceptaron que se educó a la mayoría de las mujeres mayores de treinta para ser buenas esposas y buenas madres,

63

pero de formación erótica nada. Ser una "zorra" es aún hoy día la segunda opción para las mujeres. O dama o zorra, aseguró Rubén, un buen liberal.

Los irreales y absurdos porcentajes de algunos de mis interlocutores no me preocupan, porque desde hace años doy talleres sobre sexualidad. Sé de las cargas eróticas que se guardan miles de mexicanas. Lo que me preocupa es que miles de hombres se hayan dado por vencidos en la búsqueda de la mujer erótica en su pareja. ¿O serán ellas quienes se dieron por vencidas con ustedes?, les inquirí. Risas y luego silencio.

De manera inconsciente, para muchos representaría un peligro acompañar en su despertar a la diosa del éxtasis en su esposa, para luego vivir aterrado de que le pague su revelación con cuernos (y no precisamente de pan dulce).

Uno de los presentes, en voz baja, luego de dar un largo sorbo a su *whisky*, admitió: "Cría cuervos y te sacarán los ojos: ¡qué tal que busque algo mejor que yo!" Los otros soltaron la carcajada y Rubén le aseguró que no sería nada difícil que a él lo dejara su mujer si descubría el placer.

La discusión fue muy rica, y me permitió reafirmar que a los hombres les toca su buena ración de clichés sobre su insensibilidad ante los temas del amor y el sexo. Tienen las mismas (o más) angustias existenciales que las mujeres. Es obvio que les cuesta más trabajo explayarse. Especialmente a los mayores de cuarenta, como mis amigos.

Ya casi al final, uno insistía en preguntarme por qué esa "obsesión mía por hablar de sexo". Le expliqué que no era obsesión, que ellos ya estaban en el tema, pero de manera sexista y bobalicona. Además, yo fui educada en una familia en la que el erotismo y la sexualidad son vistos como una parte fundamental de la vida. Que no creo en el tabú del sexo. No me creyó. Insistía en que la conversación implicaba una provocación sexual, y no intelectual, de mi parte. Además, decidió obviar que cuando yo llegué ya estaban hablando de sexo (o más bien de "viejas"). Los amigos lo callaron.

Después de cinco rones, a los cincuenta años de conservadurismo machín, es difícil entender que una mujer hable del derecho de las mujeres a una sexualidad plena y feliz. Él me miró con un "sospechosismo" de inquisidor "quemafeministas".

A muchos les implica un trabajo infinito desligarse de sus paradigmas para debatir, sobre todo porque a pesar de la apertura aparente, les cuesta comprender que también es auténtica una visión femenina no tradicional del amor y el sexo.

Intenté explicarle que, como escribió David Halperín, la sexualidad es una producción cultural: representa la apropiación del cuerpo humano y de sus capacidades fisiológicas por un discurso ideológico. Le dije que la sexualidad no es un hecho biológico, sino un efecto cultural. Las mujeres, querido, también exploramos el discurso tradicional que nos han impuesto tanto a nosotras como a ustedes, por eso hablamos de sexualidad, no necesariamente como una provocación erótica (como fantasiosamente insistía Roberto), sino como una búsqueda de respuestas. Y entonces le recomendé que leyera menos finanzas y más filosofía y literatura.

Afortunadamente mis amigos hablaron de cómo se sienten como hombres ante una exigencia cultural de masculinidad que los dibuja como todos iguales, siempre fuertes y potentes, y sobre lo desgastante que eso es en realidad.

Felipe dijo que para él era molesto sentirse acosado sexualmente por mujeres que piensan que los hombres son como bestias siempre listas al sexo con quien sea y como sea. Hubo un par de chistes y carcajadas, entre la pregunta risueña y provocadora de testosterona: ¿y qué, no lo somos? "¡Claro que no!, aseguró Rubén, a mí me cansa que piensen que ser emocional y amoroso me hace menos masculino, menos hombre". Y hablamos de otras culturas. Descubrí a un grupo luminoso, que de pronto se atrevió a hablar de emociones reales, a desahogar sus frustraciones.

Tal vez sea, como dicen los taoistas, que el hombre está más necesitado de ayuda para aprender a mantener la flama erótica encendida. Que no es lo mismo que sus urgencias mediocres lo lleven a muchas mujeres. Les platiqué del libro *El tao del amor*.

Jolan Chang, su autor, asegura que si los hombres aceptan abiertamente el erotismo se convertirán en mejores amantes, y las mujeres se beneficiarán de forma automática.

Quise discutir más la visión cristiana del amor, que deja del lado el erotismo y plantea que una debe enamorarse y luego hallar la pasión en los brazos del amante. Contraria a la visión oriental, que plantea que una vez que se ha encendido la flama de la armonía física —indivisible con la armonía espiritual—, la pareja sexual es capaz de proporcionarse mutuamente paz y armonía en el placer, además la atracción amorosa se incrementa y se convierte en algo a la vez cambiante y permanente. No importa si se es heterosexual u homosexual.

Pero el amigo mayor esperaba argumentos científicos, sin entender que lo mío es una forma de vivir el mundo, y no una provocación mundana. Sus amigos le argumentaron, en tono desesperado, que el mundo en realidad sí ha cambiado, al igual que las mujeres. "Mientras eso sucedía —le dijo Jesús—, tú estabas en tu burbuja de burgués, teniendo nietos".

Así que seguimos hablando de la construcción de los tabúes.

Al igual que sucedió durante años, con quienes descalificaron el trabajo de Sun S'su-Mo, quien en el siglo VI escribiera el tratado de la salud del tao del amor, tuvieron que pasar catorce siglos para que llegaran el doctor Kinsey y los fisiólogos Masters y Johnson a ratificar con su versión occidental lo que habían dicho las y los chinos: que el buen sexo sana el cuerpo, alimenta el alma, equilibra la razón y nos hace longevas y felices. Pero sobre todo, que las mujeres tenemos derecho a hablar de erotismo, y de cualquier cosa, y ya no a estar en una mesa de hombres como un "objeto erótico" sino como personas, como amigas, como iguales.

No cabe duda, si me vuelven a invitar al "Club de Tobi", le llevaré al amigo una copia de *El tao del amor* de Jolan Chang. Espero que no lo esconda de su esposa.

Encuentros cercanos

Unas amigas nos reunimos a cenar en un pequeño restaurante francés de Cancún, uno de mis rincones favoritos para confabular sobre amores. Adriana quería planear una noche inolvidable para su décimo aniversario de bodas. Patrick nos trajo una maravillosa botella de *Bordeaux* con la promesa de que nos inspiraría. Adriana nos describió su fin de semana ideal. En verdad, parecía un plan quinceañero tipo *Cosmo,* de esos que ella misma sabe que su marido aborrece. Ante nuestras carcajadas, admitió que era demasiado forzado, pero ambos necesitaban revitalizar su vida sexual y no tenían mucha idea de cómo lograrlo. La conversación dio un giro y nos preguntamos por qué será tan difícil, aunque haya tanto amor, mantener la vida sexual gozosa después de tantos años. Tal vez le damos demasiada importancia al sexo.

Los especialistas aseguran que la atracción intensa dura como máximo cinco años, tiempo suficiente para mantener el deseo y reproducirse, y en el que las personas son capaces de producir químicos en el cerebro como la dopamina (que también produce taquicardia e hipertensión arterial), la noradrenalina (produce los impulsos y la motivación) y la serotonina (inhibidor que reduce su presencia en estados pasionales).

Yo me niego a creer esto, simplemente porque hay miles de parejas eróticamente felices que no tienen hijos, o que llevan más de veinte o treinta años gozándose.

Tal vez, dijo Adriana, el secreto está en la expresión que yo usé: "vida erótica", y no "sexual". Pasamos horas hablando sobre los patrones culturales de la sexualidad humana, y terminamos dialogando sobre los principios tántricos del amor erótico absoluto y atemporal, y sobre ese pesado fardo cultural que es la des-educación sexual mexicana, en la que a falta de conocimiento, respeto y amor al placer del cuerpo, aprendemos una sexualidad genitalizada, miedosa, culposa y que teme a perderse en la fruición real y profunda —que se parece al pecado, según algunos—. El resultado es una mezcla de tabú temeroso que superficializa todo y que, paradójicamente, construye una idea de sexualidad genital que acaba trivializándose, de manera que casi nadie se toma en serio eso de la virginidad y la abstinencia (ni los sacerdotes que la predican). Todo esto por una sencilla razón: los principios religiosos oscurantistas unifican la sexualidad al alma y al matrimonio para fines de reproducción, pero rechazan la sensualidad del cuerpo. Un absurdo atroz (que propone que cualquier hoyo en sábana bordada es trinchera de reproducción).

Por un lado, nuestra cultura judeocristiana sacraliza el encuentro carnal para que propaguemos la especie, y por otro niega nuestro derecho a la búsqueda de los placeres que fusionan emociones, cuerpos y voluntades. Porque esa felicidad, esa fusión, según algunos teólogos, nos hacen olvidar la existencia de Dios. En cambio, hay quienes encuentran revelaciones casi místicas (aunque no religiosas) en los encuentros eróticos. Tal vez sea por ello que cada vez más personas buscan respuestas espirituales lejos de la Iglesia católica, lejos del pecado original.

Como dice mi amiga Mónica: "Yo sé que no hay pecados… hay manzanas". Se lo dije a Adriana mientras le prometía regalarle el libro *En la búsqueda del tantra*, de Daniel Odier.

Para el tantrismo, el alma se halla en el placer desde la piel, y en la emergencia de perderse en sus profundidades y posibilidades.

En realidad, me parece que tantos artificios promovidos por la cultura porno *light* de las revistas, no hacen más que alejarnos del verdadero placer. Tal vez porque tienen tanto que ver con esa obsesión por controlar todos los escenarios posibles. Por perpetuar los valores sexistas de relaciones, prácticas cotidianas, normas, creencias y tabúes que conforman el erotismo de la búsqueda de lo profundo.

La ironía, acordamos las amigas, es que para descubrir el verdadero placer erótico, la primera regla sería permitirse, como pareja, la vulnerabilidad total. Y ciertamente, en una cultura sexual tan de doble estándar, lo primero que nos infunden los valores religiosos es precisamente la culpa de sentir placer y, especialmente a los hombres, el miedo a ser vulnerables. Lo segundo que aprendemos de la cultura *pop* es controlar todo con artilugios falsos. El 90% del contenido de las revistas rosas y de los infames programas de televisión mexicana "para mujeres" está cargado de nociones de hombres machos, de cerdos misóginos, seductores, poco confiables e infieles; y el otro 10% se dedica a dar *tips* para que las mujeres conquisten a esos seres antes descritos. Que eliminen la celulitis y las arrugas y se vistan como "zorras", aunque en la página siguiente se explique lo despreciable que es para los hombres –y para las mujeres respetables– una "zorra".

Adriana admite sentirse confundida con estos mensajes, pero no deja de leer las revistas. Así que preferimos hablar del libro.

Odier escribe que cuando una pareja se adentra por completo en el placer, es decir, en la plena conciencia de su vulnerabilidad, el tiempo parece cambiar su duración, pues el placer se extiende de tal manera que poco a poco los sentidos se abren a la experiencia. Es entonces cuando los cuerpos toman una dimensión diferente en el espacio que ocupan. La respiración, los ojos, los poros, las extremidades, todas, se abren ante la experiencia.

Efectivamente, la química no sólo cerebral, sino la de todo el cuerpo, físico y espiritual, se altera y transforma. La piel se suaviza de tal forma que emana su propio perfume, un aroma muy diferente al que produce el cuerpo en cualquier otro momento, incluso de ejercicio normal. Me parece que sólo las parejas que logran descubrir estos diálogos corporales mantienen en realidad una vida erótica duradera y profunda.

Cuando no hay nada que limite nuestra experiencia erótica, la mente tanto masculina como femenina es capaz de redescubrir el despertar del cuerpo, aunado a las emociones, mucho más allá de esa noción genitalizada de un placer urgente y casi enloquecedor, pero al final, muy superficial, monótono y fatuo.

Hombres y mujeres leen todos los días, en todo tipo de revistas —desde las porno hasta las rosas especializadas—, todos los nuevos trucos, disfraces sensuales y estrategias para tener una vida sexual plena; además, buscan conceptuar el erotismo en fetiches generalmente *light*, como ropa interior sensual, extensores de órganos masculinos, pastillas milagrosas, perfumes especiales, posturas circenses y todo tipo de artificios que buscan regresarnos siempre al exterior, es decir, a las apariencias. Lo absurdo es que proponen incluso recuperar el romance con ridículas formas de cenas planeadas a la luz de las velas, o viendo películas porno en pareja, estrategias, todas, dirigidas al engañoso control de las situaciones y las emociones. Tal vez sea por ello que difícilmente surten un efecto real en los sentimientos eróticos y amorosos profundos de la pareja.

No cabe duda, las mujeres necesitamos menos televisión y más libros como el de Marcela Lagarde, en el que nos dice que "La experiencia erótica acontece en la intimidad más interior y está normada desde la sociedad y la cultura, por un saber hecho conciencia por el sujeto. Está determinada por necesidades inconscientes ignoradas. Ambos principios, consciente e incons-

Seducir con la palabra

Absorta en una novela de Haruki Murakami, disfrutaba la espera de mi vuelo en el aeropuerto de la ciudad de México. A mi espalda se sentaron tres hombres atractivos, vestidos de traje impecable. Uno de ellos decía estar enamorado y les narraba a los otros cómo finalmente se atrevió a dar el paso y le propuso a la mujer que se mudaran juntos. Los otros estaban muy interesados, alabaron la extraordinaria belleza de la novia y sus múltiples cualidades. "Pero ¿qué le dijiste?", preguntó uno de ellos. El galán narró todo, desde el primer encuentro en un *lounge-bar* de moda en la azotea de un hotel de Polanco.

Quedé azorada. La conversación era totalmente nimia, pálida, insípida. No di crédito de cómo una mujer con tantas cualidades como las narradas pudiera caer enamorada de un hombre sin vocabulario. Yo no era la única. Sus amigos insistían en que relatara qué más dijo para seducirla, pero él parecía no comprender las presiones. "¿Qué más?", preguntó uno. "Pues nada, no tuve más que decirle que me parecía la mujer más bella del mundo, y que quería pasar mi vida a su lado". Contuve la trompetilla, y en un rato abordamos.

Pero los cuatro volvimos a reunirnos, pues nos tocaron asientos cercanos. El novio se sentó a mi lado y yo retomé mi lectura. El sujeto oteaba mi libro insistentemente, hasta que le mostré la portada y le dije: *Al sur de la frontera, al oeste del sol*, Murakami. Me sonrió discreto y dijo que estaba pensando en comprarle un libro a su novia, pero no estaba seguro de cuál. Le pregunté si

73

ella leía y dijo que sí, mucha novela y cuento. Él no. Más bien le gustaba lo relacionado con su trabajo. "Bien –le dije–, regálale esta novela". Tomó los datos. "Pero no esperes que tu relación dure más de cinco años en buen estado", dije.

El tipo me miró perplejo. Yo le expliqué que, por mi experiencia, quienes aman la literatura y gozan de las palabras saben bien que el lenguaje es un medio de seducción profundo, y que cuando una persona de la pareja no lee, eventualmente pierde la posibilidad de encontrarse en los universos del lenguaje del otro o la otra. Los encuentros del cuerpo son maravillosos, sin embargo la dulzura del amor y el erotismo se debilita sin la conversación incitante. "¿Cuántas palabras te excitan?", pregunté. Más allá de las simples frases comunes. Silencio. "Escucha", le dije, y leí un breve párrafo de Murakami. El tipo quedó frío. No, no es una novela erótica, es un hombre buscándose a sí mismo, ¡es la vida! Ignoro qué habrá pasado por su cabeza. Yo seguí leyendo, luego de que nos obsequiáramos una sonrisa amable de esas que significan "nada más de qué hablar".

Recordé la presencia de los libros en mi vida amorosa. Un hombre me enamoró hasta las entrañas cuando nos escapamos a unas cabañuelas en Tulum y llevó consigo el libro *Seda* de Alessandro Baricco. Por la tarde nos recostamos en una cama en la playa y leyó en voz alta esa breve historia, despertando en los dos un deseo inconmensurable. Yo le obsequié a un amigo *Los jardines secretos de Mogador*, de Alberto Ruy Sánchez, y su vida amorosa nunca más fue la misma desde esa lectura a cuatro manos. Cuando quise que un hombre me conociera antes de ver mi cuerpo, le pedí que leyera *Tantric Quest*, de Daniel Odier, para luego leerlo juntos en la cama.

Cuando una lee a Laura Restrepo, o a Margaret Atwood, y sigue la cadencia de sus interminables frases, antes incluso de un primer beso, puede pensar que es de una cursilería insufrible. Yo prefiero creer que más allá del buen lenguaje literario, hay entre líneas un subtexto de otras historias que nos agitan. El lenguaje literario incita lo posible, invita a lo inexplorado, alista los nervios, prepara los sentidos, uno a uno. Nos lleva al amor como deseantes. Es el preludio del encuentro, es la frase después del éxtasis.

Contraria a la modernidad, que propone fantasías plásticas de artificios con ligueros y bocas coloradas, con cien velas y luz de luna, yo encuentro que el escenario es lo de menos, y puede ser una suite de cinco estrellas, una colchoneta en Tulum, una cama, un sofá marcado por los años, o una hamaca en la playa. El territorio a gozar es el de la imaginación y el cuerpo transformados en deseo por el otro o la otra. Y no encuentro mejor manera que compartiendo historias de otros y otras que podrían siempre, ¿por qué no?, ser nuestras.

Sexo oral

Estaba en el aeropuerto llenando una hoja de migración cuando me detuve en la casilla que pone "Sexo" y a continuación un recuadrillo con una F y otro con una M. Volteé a ver a la señorita de la línea aérea y le pregunté: ¿En verdad podemos contestar esta pregunta? Yo, por ejemplo, pienso que ya entradas en sinceridad, podríamos compartir con los agentes de migración nuestras costumbres sexuales. Por ejemplo, la señora rechoncha que está a mi lado viajará a *Niuyork* con un señor igualmente entrado en carnes, que tiene cara de enojo con la vida; esa señora podría poner M por mediocre. Yo (por mi acompañante) podría poner M por lo maravilloso, o F por fantástico. Algunas semanas puedo escribir F por la falta que me hace, y mi amigo Rubén una MF por mucha falta. Un ex amante que tuve podría poner M por "menudito" o "minúsculo", y mi amiga que finge orgasmos para encantar a sus amantes F por farsante.

La mujer de la aerolínea me miró consternada suponiendo que algún demonio me habría encarcelado, y por ello me volví medio loquita. Pero nada de eso, mi salud mental está intacta, al igual que mi sentido del humor y mi amor por la vida y sus placeres.

Mi reflexión se basa en un asunto meramente gramatical: lo que la migra quiere saber no es nuestro sexo, sino nuestro género, es decir, si pertenecemos al género masculino o al femenino. Pero no supo comunicarlo.

Esto viene a colación porque ya en el avión, platicaba con mi compañero de viaje las dificultades que la humanidad encuenta para comunicarse. Es muy diferente el lenguaje escrito al lenguaje oral. Por ejemplo, leí que existen en el mundo 40% más escritores hombres que escritoras mujeres (al menos publicados); sin embargo, la ciencia ha demostrado que las mujeres superamos por mucho a los varones en la destreza oral, es decir, en la capacidad para expresar sentimientos y pensamientos.

El lenguaje en el cerebro femenino se localiza en la parte frontal del hemisferio izquierdo y en otras áreas pequeñas del hemisferio derecho. En cambio, en los hombres no está localizado específicamente: en un escaneo se puede ver que cuando un tipo habla, se activa el hemisferio izquierdo por completo, mientras busca el centro del lenguaje oral. Bromas aparte, esto puede explicar el porqué si observamos a un par de amigos (intelectuales y periodistas, además) en el bosque, éstos podrían pasar horas tallando madera o pescando casi sin hablar; en cambio, si dos mujeres están juntas de campamento, es seguro que al despedirse hayan reconstruido la historia de sus vidas.

Generalizaciones aparte (claro está que tanto ellos como ellas pueden ser *simplicius* o hablar de filosofía), sabemos que la mayoría de los problemas de pareja se centran en la incomunicación. Para demostrar mi hipótesis, mi pareja y unos cuantos incautos en el avión aceptaron hacer un pequeño *test* sobre qué tanto escuchan y saben de su pareja. Allí les van las preguntas (todas sobre su pareja): ¿cuál es su color favorito?, ¿qué comida aborrece y cuál adora?, ¿cuál es su posición favorita en el sexo?, ¿cómo se llamaba su mascota de la infancia?, ¿qué le pone verdaderamente triste?, ¿quién fue su personaje heroico en la infancia?, ¿cuál es su pieza de música favorita?, ¿y el libro que más le haya gustado?, ¿cuál es la experiencia más dolorosa que le marcó la vida?, ¿y la más feliz? Enlista cinco cosas que le gustaría hacer para un día perfecto. Enséñale a tu pareja las respuestas y asómbrate.

Se ha comprobado que una mujer puede hablar sin el menor esfuerzo un promedio de seis mil a ocho mil palabras al día, usa tres mil sonidos adicionales y unas nueve mil gesticulaciones. Esto significa que en promedio, una mujer utiliza 20 mil "unidades" comunicacionales para transmitir sus mensajes. Los hombres, en cambio, usan a diario entre dos mil y cuatro mil palabras, tienen 1 500 sonidos vocales y usan no más de tres mil señales de lenguaje corporal.

Las relaciones interpersonales se construyen a través del lenguaje, y las parejas mejor avenidas son siempre las que escuchan a la otra persona con real interés, las que se conocen. "Conocer" significa tener trato, averiguar y entender al otro, a la otra, experimentar y sentir. Por lo pronto, a mí me queda claro que mientras yo echaba todo el rollo sobre lo que la migra quería conocer de mi sexo, mi pareja llenó simplemente el recuadro M, y yo con ello adquirí tema para un viaje de avión inolvidable y para decir: esta boca es mía.

Parejas estresadas

Mi amiga Cristina se mordía las uñas como si fueran un delicioso huesito de mango en manos de una mujer que llevara una semana sin ingerir alimento. Mientras tanto, platicaba a toda velocidad. "No entiendo", me dijo angustiada, "Álvaro dice que estoy demasiado estresada y que ni yo me soporto. ¿Puedes creer a ese cretino? El estresado es él".

El cretino, es decir, Álvaro, es un buen tipo que vive con su dosis de estrés, pero al igual que Cristina, se le olvida lo que esto significa.

Sonreí a mi amiga y saqué de mi compu portátil un texto que habla de las repercusiones del estrés. Le leí en voz alta: "Desde 1935, Hans Selye describió el estrés como síndrome o conjunto de reacciones fisiológicas no específicas del organismo, provocado por diferentes agentes nocivos del ambiente de naturaleza física o química. Es un fenómeno que se presenta cuando las demandas de la vida se avistan demasiado difíciles. La persona se siente ansiosa, tensa y aumenta el ritmo cardiaco. Es una reacción del organismo protegerse de las presiones físicas o emocionales o en situaciones extremas de peligro. El estrés es la respuesta del cuerpo a condiciones externas que perturban el equilibrio emocional de la persona. El resultado fisiológico es un deseo de huir de la situación que lo provoca, o confrontarla violentamente. En esta reacción participan casi todos lo órganos y funciones del cuerpo, incluidos el cerebro, los nervios, el corazón, el flujo de sangre, el nivel hormonal, la digestión y la función muscular".

Cristina asintió y comenzó a despotricar sobre la incapacidad de su pareja para entender que él era el estresado –ella sólo un poco–; en ese momento entró el susodicho y se sentó con nosotras. Como es costumbre de mi querida amiga, a bocajarro le soltó el rollo, él lo recibió como boxeador que danza en el ring antes del primer aseste. De inmediato estaba yo en medio, usurpando funciones de terapeuta de pareja.

Les comenté que cuando un dúo intenta enfrentar el estrés al mismo tiempo, esto puede tener un efecto devastador en la relación. Normalmente el hombre guarda silencio y la mujer se angustia de verlo callado. Luego la mujer comienza a hablar de todo y trata de descifrar el "problema", entonces el hombre se siente apabullado y se enoja. Para ese momento ambos perciben que el problema es de la pareja y no una incapacidad de dos personas para enfrentar la ansiedad de sus miedos y problemas de trabajo.

Enfrascados en una confusa batalla que carece de razón, generalmente ella intenta hacerlo hablar de cómo se siente, y él se molesta y se aleja cada vez más, argumentando una invasión no requerida. Él se aleja de ella, incluso a otra habitación, para huir de la discusión; ella se siente rechazada, humillada, y busca respuestas en sus amigas (por ejemplo escritoras).

Así, de la noche a la mañana crece un problema que se podría haber resuelto de manera individual con estrategias tan simples como: *a)* asumir que ambos están bajo estrés y que tienen malestares físicos y emocionales como miedo e inseguridad, o hartazgo y tristeza, por agentes ajenos a su relación; *b)* hacer yoga o algún ejercicio que permita el desgaste energético para que éste no se convierta en enojo y dolores de espalda, o en enfermedades como colitis nerviosa o gastritis; *c)* sentarse a consolarse, o a mentar madres por lo difícil que a veces es vivir. Recordarse que son cómplices en la vida, admitiendo que ni el uno ni la otra puede resolver los miedos y las angustias de su pareja; *d)* decidir que a veces, cuando la vida nos enfrenta a problemas macanudos, aunque se resuelvan eventualmente, mientras los vivimos nos pueden dar terror. Lo mejor es consentirse, abrazarse, irse a ver una buena película, y, ¿por qué no?, reírnos mucho, cenar con una botellita de tequila y amistades que nos inciten a recordar las cosas buenas de la vida, leer un buen libro o echarse una cena afrodisiaca y darle vuelo a la fantasía.

Hablábamos de todo esto en la cocina, mientras ya el bueno de Álvaro había servido unos tequilas y Cris unas estupendas viandas con queso y jamón. De pronto, unas horas después, mientras ambos seguían la conversación conmigo, estaban abrazados. Recordamos el día en que nos conocimos y hablamos de los últimos acontecimientos en la política nacional e internacional. Al final les vi alegres y sonrientes, me despedí pensando que en un momento vería a mi pareja y que buena falta nos hacía un buen filme y hablar de las cosas buenas de la vida.

Bendito silencio

Esperaba a mis amigas cuando caí en la cuenta de que nuevamente perdí por quedarme callada. Me había prometido a mí misma no volver a comer en la cantina cuando tuviera ganas de platicar de asuntos que en verdad me importaban.

¡No me tomen a mal!, soy una amante de las tradicionales cantinas, bebo tequila y mezcal con un muy mexicano profesionalismo. El asunto es que las cantinas son sitios para ir a charlar de nada, a botanear, a beber y a reírse; pero no para platicar en serio.

El ruido impide la comunicación profunda. Tal vez sea por eso que a tantos hombres les gusta encontrarse en las tascas mexicanas: para evitar hablar en serio. Aunque contrario a sus propias intenciones, casi siempre acaban tocando sus emociones, llorando y confesándose amor eterno, regalándose los abrazos que no se atreven a dar en sobriedad.

En otra mesa estaba mi amigo Arturo, esperando. Así que decidió mudarse a la mía, que en menos que canta un gallo se convirtió en confesionario (soy la envidia de muchos curas locales).

"A ver, Lydia, ¿tienes algún problema con un hombre silencioso?", me preguntó. Le respondí que no, más bien mi problema es con los que hablan demasiado y creen tener siempre la razón. Y también con los preciosos que hablan de más y los graban en sus conversaciones sobre mí.

La historia es que la mujer de Arturo se queja de que él es muy callado. Mientras lo escuchaba, me percaté de que desde hace diez años que lo conozco es un tipo capaz de expresar sus emociones con más claridad que el común de los hombres. Mientras conversábamos no perdí de vista sus ojos, se reflejaba en ellos esa emoción que podríamos calificar como la clásica mirada masculina de un hombre que intenta descifrar un misterio en grafología rusa.

Primero aclaramos que es una bobada repetir el prejuicioso cliché de que a las mujeres nadie las entiende. No entiende quien se niega a hacer el esfuerzo de mantener una comunicación emocional profunda y empática; no entiende quien simplifica y decide ignorar. No entiende quien no escucha, quien desprecia la palabra de la otra persona.

La petición de su pareja es muy concreta: él ya no le comunica sus deseos y planes, sus cuitas y tristezas. Lo que le narra son los problemas superficiales de dinero, de la marca del auto que hay que comprar y de lo cansado que está de no tener tiempo para dedicarle a su hijo.

Es a él a quien le hace falta descifrar si el reclamo responde a una petición válida porque él ha elegido incomunicarse con ella. A muchos hombres les sucede lo mismo: cuando inician una relación amorosa conversan de todo con su pareja, no sólo sobre sus intereses y su pasado (todas las parejas pasamos por la etapa de luna de miel comunicacional: el momento de narrar las anécdotas históricas que nos muestran interesantes a los ojos de la o el otro) sino también sobre sus miedos y sueños. Pero con el paso del tiempo, la mayoría de los varones se vuelven más silenciosos en términos de comunicación afectiva, y más monologantes; es decir, sólo quieren ser escuchados.

No es lo mismo hablar para ser atendido cuando no precisas de diálogo, que evitar el contacto emocional con la pareja. Tanto las mujeres como los hombres de vez en vez necesitamos narrar un problema, no para que nos den la solución, sino simplemente para ordenar las ideas ante el oído amoroso y la mirada cobijante de alguien con quien sentimos seguridad.

Muchas mujeres se quejan de que cuando cuentan sus problemas a los hombres, éstos de inmediato les ofrecen soluciones. Ellas se indignan, y acto seguido, ellos no entienden la reacción de las "malagradecidas". Ellas acaban diciendo que ahora recuerdan el porqué prefieren contarles sus crisis existenciales a sus amigas y no a su pareja.

No creo lo que dicen los biologisistas, de que las mujeres necesitamos hablar y los hombres actuar para entendernos. Creo que nos han educado con patrones de género que presionan a las niñas a ser expresivas porque ser emocional y afectiva es una "cualidad femenina" convenientemente favorable a los varones, porque ratifica que la inestabilidad femenina precisa del control y la mano firme de la estabilidad masculina. En cambio, a ellos les fuerzan a callar lo emocional y volverse estratégicamente controlados y controladores. La sensibilidad es un valor que en lo masculino implica debilidad, y muchos hombres tienen pánico de volverse débiles, es decir, de parecerse a las mujeres. Más allá del cliché, Arturo y yo llegamos a un acuerdo: él va a explorar en su corazón si lo que le sucede es que ya no siente interés y emoción por dialogar con su esposa, o si en realidad es un tipo que guarda silencios amorosos, pero comunica sus emociones cuando lo necesita y desea.

Llegaron mis amigas y detrás de ellas los mariachis, pedí un mezcal y me preparé para hacer como los viejos matrimonios: ni escuchar, ni ser escuchada. Así que sonrío y pienso en la noción fabulosa del silencio acompañado de un ser amado. Espero que el próximo fin de semana me visite mi pareja, para invitarlo al silencio de mi hogar.

La comezón del año 7

Cuando cumplí siete años de casada, una amiga tan querida, como experta en las artes adivinatorias de las estrellas, me aseguró que estaba entrando en la etapa de la primera crisis de pareja. Yo, como hacemos todas las personas enamoradas, gozosa expliqué que en *mi* caso, la comezón del séptimo año no aplicaba. Primero que nada mi pareja y yo éramos buenos amigos, respetábamos nuestras maneras de ser y de ver el mundo, nos reíamos mucho, teníamos una maravillosa vida sexual y cada quien guardaba sus propios espacios.

Finalmente nos divorciamos al cumplir trece años juntos. Con el tiempo entendí más que nunca a mi amiga.

Hace unos días platicaba con mi ex sobre la mujer que le gusta y las cosas que hace para divertirse; de repente lo miré y tuve la clara sensación de que le tengo un cariño entrañable pero no podría volver a mirarlo como pareja, ni el más mínimo atisbo de atracción me conmovió. Increíble, pensé, con este hombre pasé los primeros trece años de mi vida adulta, y heme aquí, charlando con él como con un hijo de vecino agradable y lejano, irreconocible para mis hormonas y deseos. Pensé en las lecciones de mi amiga Lorena sobre los ciclos en que vivimos y maduramos. Casi siempre nuestro entrenamiento sentimental se relaciona con el romanticismo de la necesidad, del apego. Sin el otro, o la otra, estamos solas en el vacío, y el vacío es la incertidumbre. Las personas somos tan soberbias que difícilmente comprendemos que ser vulnerables es ser libres.

El psicólogo Roger Walsh dice que tenemos apegos a personas e ideas, e igualmente puede ser intenso nuestro apego a la idea que hemos concebido de nosotras mismas como parejas de alguien. La palabra "esposa", "esposo" o "amante", adquiere un significado en la imagen que creamos de nosotras mismas. Es decir, no solamente aprendemos a inventarnos como una mujer o un hombre adulto (de veintitrés o veinticuatro años) que se enamora y se imagina como la pareja de alguien "para el resto de su vida", además lo hacemos más emocionante, concibiéndonos como una pareja armoniosa que irá creciendo a la par de los deseos mutuos. Pero la realidad es muy diferente.

Lo cierto es que mujeres y hombres pasamos por ciclos de madurez, aprendizaje y desapego muy distintos, y en gran medida dependemos de la educación, de los sueños de la infancia, del carácter y, por supuesto, de las circunstancias que nos rodean, que nos hacen madurar emocional e intelectualmente a ritmos desiguales.

Para algunas personas los ciclos de siete años tienen un gran significado esotérico, es el número de la transmutación y la fortaleza, de los logros y las revelaciones. Pero si lo simplificamos tal vez sea más comprensible. La edad promedio en que nos enamoramos por primera vez, considerando una relación adulta, es entre los veintitrés y veinticuatro, para cuando pasan los primeros siete años, estamos entrando en la década de los treinta. La mayoría de la gente vive cierta transformación a esa edad. De pronto nuestros intereses se transforman (aunque el amor perdure), cambia nuestra percepción del tiempo, dejamos los complejos físicos de la adolescencia atrás y comenzamos a amarnos por lo que somos. Nos atrevemos a desapegarnos del "yo ideal" que inventamos en la mocedad, y moldeamos así a la persona adulta que queremos ser en realidad.

Tanto hombres como mujeres cambian sus niveles de negociación en la pareja, y aprenden a poner límites. Se modifica nuestra personalidad, y si la de nuestra pareja no va en dirección similar a nuestra transformación, la distancia se hace un abismo y terminamos por sentirnos como viviendo con una o un extraño.

Casi todas las mujeres de mi generación que se divorciaron se casaron entre los veintitrés y veinticuatro y rompieron al comenzar los treinta. La mujer en la que se convirtieron ya no quería lo mismo que su pareja. La mayoría de las que aguantaron lo hicieron por tener hijos o hijas; pero igual las diferencias las separaron. Hay un dicho popular: "El matrimonio es ese negocio en que las mujeres entran esperando que el hombre madure, y el hombre esperando que ella nunca cambie". No sé que tan cierto sea, lo que sí me consta es que si una pareja no madura con cierta sintonía, lo mejor es cerrar el ciclo y esperar un nuevo amor que te quiera y respete por lo que eres ahora, y no por lo que fuiste algún día.

Saber terminar

Nos reunimos en mi casa, mis cómplices de andares y yo, con un par de botellas de buen tinto, dos velas encendidas y una varilla de incienso de Nag Champa. Nos sentamos alrededor de mi mesa de Guatemala. Es una mesa de centro que hace años me traje hasta Cancún. Fue tallada a mano por mujeres de una ONG guatemalteca.

Una vez extendido el manto rojo, sacamos el libro del oráculo chino *I Ching de las mujeres* y nos dimos a la tarea de averiguar lo que nos auguraban los silencios entre el hoy y el mañana.

Arrojamos las monedas especiales y contamos las líneas. Mariela recibió el mensaje Po: "la separación, arriba la montaña, abajo la tierra que se abre". Con esa sencillez del lenguaje chino para decir grandes verdades en palabras simples, el oráculo anunció a nuestra amiga lo que ya todas sabíamos desde hace tiempo. "No te niegues a respetar los ciclos del universo. Es tiempo de la separación de un viejo ciclo. Como en el tarot, la destrucción no significa muerte, sino transformación. Las relaciones son como las flores, surge la semilla, nacen, florecen, y mueren. Aprende a reconocer tu lugar real en una relación en particular y actúa apropiadamente. Acepta la inminencia del final".

Si bien es cierto que está en chino tener siempre la inteligencia emocional y la paz interior para saber cuándo debemos rescatar una relación y cuándo debemos dejarla ir, también es cierto que hay reglas simples para librarnos de esa tan mexicana afinidad a tirarnos al mar del drama y creer que nos ahogaremos en él sin remedio alguno.

Una relación nueva requiere nutrientes, una que ya existe precisa de tejer a dos manos ideas diferentes, e ir dialogando para saber qué nos une. Y una relación vieja y dañina requiere de la separación. Como en la imagen del *I Ching,* a veces sentimos que la montaña está por desplomarse sobre la tierra que se abre temblorosa sin capacidad ya para sostener nuestro universo.

Pasamos horas gozando la amorosa entrega de los rituales entre amigas. Un poco de llanto a ratos y muchas risas en interludios nos permitieron rescatar el rito olvidado de buscar respuestas con nuestra propia tribu.

Mariela tiene al menos tres años intentando salirse de una relación de pareja profundamente tóxica. Él se ha convertido con los años en un experto de la violencia psicológica y la humilla en todas las formas posibles con un impecable rostro de empresario adinerado con reputación de "buenhombre". Ella desarrolló una ingente habilidad para hacerle saber a él que la hace infeliz. Un mal día, el marido le soltó un golpe, la tiró por la escalera. Afortunadamente salió casi ilesa (del cuerpo), sin embargo su capacidad de negación le impide ver la magnitud de esa violencia. Ambos se sumieron ya en un juego perverso en el que aseguran amarse profundamente, pero todas sus acciones demuestran menosprecio y un rencor insalvable.

Si ella no fuera una académica simpática y bella, se autocalificaría como víctima de violencia doméstica. Pero la negación le arrebata la posibilidad de salir del peligro. Reiteradamente nuestra amiga hizo preguntas al oráculo. La lección resultó apabullante. Cuanta vez buscó la respuesta, el texto le respondió que su necedad no la llevaría a ninguna parte.

Finalmente salió un texto maravilloso que decía: "La mujer descubre la necesidad inevitable del cambio y la transformación porque sin ellos el crecimiento espiritual no llegará. Cuando respeta su espiritualidad y su intuición, la mujer emerge, más fuerte y mejor, de los cambios en la rueda de la vida".

Hablamos sobre la importancia de los ritos de reflexión profunda; de la vida moderna y sus falsas soluciones simplistas o catastróficas. Lía reflexionó sobre la importancia de volver a los orígenes, de ese ritual en que las mujeres nos sentamos alrededor de una mesa, con una vela encendida, como añorando las noches de fogatas y círculos de sabiduría de nuestras ancestras. La búsqueda de la verdad interior precisa de la exploración diletante, de recordarnos que somos espíritu, alma, cuerpo y mente interconectados entre sí por la noción de la presencia de la o el prójimo como nuestro espejo. Esa noción la escribió así Rosario Castellanos: "Escribo porque yo, un día, adolescente,/ me incliné ante un espejo y no había nadie./ ¿Se da cuenta? El vacío".

El amor y la amistad nos recuerdan que la soledad existencial no implica necesariamente vivir abandonadas, nos alejan del miedo de no ser vistas y reconocidas como personas, como ciudadanas del mundo real.

Brindamos por la posibilidad de estar juntas para conmemorar la vida.

Tomé mi diario y compartí con mis amigas una reflexión que escribí al salir de mi estancia con los monjes budistas en el monasterio de Kandi, en Sri Lanka, hace dos años: "la evolución espiritual precisa que no olvidemos, nunca, que los verdaderos cambios profundos en nuestra vida precisan de la comprensión de nuestras convicciones. Comprender surge de escuchar con el corazón abierto. Comprender surge de la contemplación que deja del lado la ilusión, y observa la realidad tal cual es; comprender surge de la meditación profunda. Si nuestros ojos permanecen velados por la ilusión de lo que creemos que somos o que las y los otros son, en lugar de lo que en realidad somos, el sufrimiento lo invade todo. Porque es un sufrimiento ignorante de la realidad, que niega la realidad".

Todas meditamos sobre esas palabras. Cerré mi diario y Mariela dijo: "No nos amamos —refiriéndose a su esposo— porque ya no nos aceptamos por lo que somos. Y estamos en la necedad".

Recordé el disco de Joan Manuel Serrat *Sombras de la China*. Me levanté y puse la canción "Me gusta todo de ti". Les recordé a mis amigas que la primera vez que escuché esa letra, comprendí lo que mi ex me quiso decir, y nunca pudo. Dice así: "Me gusta todo de ti, tus ojos de fiera en celo, el filo de tu nariz, el resplandor de tu pelo,/ la luna de tu sonrisa… me gusta todo de ti, pero tú no. Tú no."

A veces nos cuesta comprender que una relación puede durar pocos años y casi no tener pasión, o puede durar décadas y haberse sido infiel pero mantener el vínculo profundo. Esto se da con la sola condición del cariño, la lealtad y la nobleza; de nunca hacerse daño intencionalmente. Cuando una relación es destructiva y se ha perdido la complicidad para enfrentar el mundo, cuando uno desprecia los sueños y las visiones del otro, o la otra, y prefiere destruir a la pareja antes que dejarla ir, la única salida es el rompimiento del vínculo.

No importa si es Serrat con su sabiduría lírica, el oráculo chino, o los monjes budistas que conocí en el subcontinente indio, lo cierto, acordamos las amigas esa noche a la luz de las velas, es que el amor siempre anuncia su llegada y su partida y está en cada quien atreverse a escuchar la voz interior que lo advierte.

DEL MACHISMO Y OTROS MALES

En muchos ámbitos, aun hoy, la dominación masculina está bien asegurada para transitar sin justificación alguna: ella se contenta con Ser, en el modo de la evidencia.

P. Bordieiu, "La dominación masculina",
Actes de la recherche en sciences sociales, 1990, Francia.

Es absolutamente necesario estudiar a los varones en términos del impacto de su poder sobre las mujeres...

J. Hearns y D. Morgan, "Men Masculinity
and Social Theory", Londres, O. Wyman, 1988.

El "machismo" designa tanto la ideología de la dominación masculina como los comportamientos exagerados de dicha posición, alude, en el lenguaje popular, a una connotación negativa de los comportamientos de inferiorización hacia la mujer. En los micromachismos *"encubiertos", el varón oculta (y a veces se oculta bajo) su objetivo de dominio. Algunas de estas maniobras son tan sutiles que pasan especialmente desapercibidas, razón por la que son más efectivas que las anteriores. Impiden el pensamiento y la acción eficaz de la mujer, llevándola a hacer lo que no quiere y conduciéndola en la dirección elegida por el varón. Por no ser evidentes, no se perciben en el momento, pero se sienten sus efectos, por lo que conducen habitualmente a una reacción retardada (y "exagerada", dicen los varones) por parte de la mujer, como mal humor, frialdad o estallidos de rabia "sin motivo". Los micromachismos son muy efectivos para que el varón acreciente su poder de llevar adelante "sus" razones, y son especialmente devastadores con las mujeres muy dependientes de la aprobación masculina.*

Luis Bonino Méndez
Psicoterapeuta y psiquiatra
Director del Centro de Estudios
de la Condición Masculina, Madrid.

La niña geisha

Hace algunos años un buen amigo periodista me regaló un libro que se convirtió en un gran *bestseller*. Me aseguró que me encantaría. Era, según él, una historia muy bella. Cuando al final abrí la envoltura y encontré el provocador título, *Memorias de una geisha*, le pregunté si lo había escrito una mujer entrenada como prostituta oriental. Mi amigo y los demás comensales me abrumaron con refunfuños, aseguraron que sólo era literatura, que les resultaba antipático que yo siempre quisiera hacer análisis sociológico de todo lo que leía. Es, para mi amigo Martín, una historia de amor, y según varios de ellos, un libro bellamente escrito basado en una historia real y nada más. Lo leí. Por supuesto que me pareció una historia terrible, de miedo, soledad, abandono. Claro, muy bien narrada.

A principios de 2006 apareció la película en la pantalla grande y fui a verla. A la salida del cine, como acostumbro siempre, me mezclé entre la gente para escuchar los comentarios. La mayoría giraron alrededor de la belleza de la fotografía y la música. Un grupo de parejas, como de cincuenta años, hablaba del amor que la niña sentía por el presidente, y que al final fue el motor que la llevó a soñar con ser la mejor geisha del poblado.

Lo que yo vi en la película es la historia real de terror de miles de niñas alrededor del mundo. Pequeñas que son vendidas por sus padres, madres o abuelos; o robadas por proxenetas que hacen búsquedas en la sierra china, japonesa, o en la mexicana. En Oaxaca, en Chiapas, en Quintana Roo, en Sonora. Cada día, sin que nadie lo diga en voz alta, hombres y mujeres enganchadores venden y compran niñas pequeñas de ojos hermosos, piel lozana y dientes tan blancos como las mazorcas del campo mexicano. Criaturas de cabello negro como el azabache, que son consideradas una joya en el mercado de la trata humana, criaturas de ojos llenos de preguntas y miedo, como la chiquilla que hace un extraordinario papel de víctima de trata para fines sexuales en *Memorias de una geisha*.

No es un tema menor. Si tienes una hija o sobrina, o simplemente una vecinita de nueve o diez años, detente a mirarla un minuto, observa su ingenuidad y su sonrisa, el aire de libertad con la que mira su pelota o su muñeca de trapo. Imagina ahora que un hombre se la lleva en medio de la noche y termina encerrada en una casa de seguridad en la que un grupo de prostitutas profesionales la maltratan y la encierran hasta hacerle saber que si no obedece a sus nuevos propietarios su vida será un infierno. Ya es un infierno –piensa la pequeña–, pero no hay absolutamente nada que pueda hacer; su vida está en manos de sus captores. Si esta niña, luego de días de negarse a comer y de llorar hasta vaciar su mente de añoranza por su madre y su padre, mira en el comedor de la casa de seguridad a jovencitas mayores que ella, quienes lucen hermosas, maquilladas, con bellos vestidos, pero sobre todo, que a sus ojos parecen tranquilas y felices, deseará estar en sus zapatos sin entender lo que ello significa.

El filme muestra una historia realista de trata de niñas para el trabajo sexual forzado, pero lo hace tan bellamente que de pronto quien mira la película comienza a creer que la niña verdaderamente se enamoró del presidente, luego de que el hombre, acompañado de dos geishas, le diera un par de monedas en la calle.

Así que su vida se convierte en un "fascinante" tejido de rituales mágicos, esfuerzos para embellecerse, para aprender música y ser un divertimento de ejecutivos y políticos poderosos. Vemos en pantalla la erotización paulatina de una menor en proceso de inducción a la prostitución, el entrenamiento socialmente aceptado para que la niña o mujer esclavizada se convenza de que estos ritos implican la adquisición de una nueva forma de "poder" de quien vende su cuerpo para beneficio económico de redes enteras de personas adultas.

Memorias de una geisha me parece una lamentable apología de la trata de niñas en la que la solidaridad femenina aparece como inexistente, y las tradiciones para satisfacer a los hombres de poder, usando a las mujeres como objetos sexuales, toman un primer plano, sublimado con artes tales que nos hacen olvidar que una de nuestras hijas podría ser esa pequeña.

En esta historia, la única manera en que las mujeres pueden sobrevivir, antes y después de la guerra, es prostituyéndose. Sayuri, la protagonista, se enamora del primer hombre que la trata bien, ¿y por qué no?, si desde que nació la pobreza, el abandono y la venta le mostraron sistemáticamente que no merece ser tratada con dignidad humana.

Ella tiene apenas diez añitos y ya piensa que cuando sea grande quiere convertirse en el objeto de placer de ese hombre poderoso de finas maneras. Es ficción, claro está. Pero resulta tan parecida a la realidad de Margarita, la pequeña de trece años a quien entrevisté luego de ser rescatada de una casa de seguridad en Cancún, que me sigo preguntando hasta cuándo dejaremos de pensar que lo que es considerado buena literatura o buen cine, sigue siendo una forma cultural que normaliza la crueldad humana, la violencia y el sexismo, que inocula el horror y lo traduce a lo estéticamente deseable, ausente de crítica.

No, no me importa que mis amigos intelectuales me consideren ridícula por ver en la apología literaria y cinematográfica del abuso infantil y la trata de niñas una tragedia real. Me preocuparía más perder la capacidad de horrorizarme ante el dolor que causa la esclavitud del siglo XXI. Y tú, ¿viste la película?

Profanar la infancia

Durante una conferencia que impartía sobre las consecuencias del abuso sexual infantil, una señora de unos treinta y cinco años, que se notaba ostensiblemente angustiada, pidió la palabra. La mujer preguntó cómo era posible que tantos miles de niñas y niños fueran abusados sexualmente cada año en México. ¿Dónde están esas madres irresponsables?, cuestionó. Siguió una perorata culpabilizando a las madres por el abandono de sus hijas y aseguró que todas las progenitoras de menores abusados merecían ir a prisión.

Le pregunté si tenía hijos. Su rostro cambió de inmediato y con una sonrisa dijo que tenía dos niños de cuatro y siete años. ¿Usted trabaja?, inquirí. Y ante un público de más de doscientas personas dijo que sí, que era empresaria. Trabajaba entre ocho y diez horas al día, y aun así se daba tiempo para "mantenerse guapa y preparar la cena para estar con su marido y sus hijos por la noche", según sus propias palabras. ¿Mientras usted asiste a esta conferencia, quién cuida de sus hijos? La sirvienta, respondió tajante ¿Y la tarea? Pues con su nana, y luego yo la reviso en la noche.

¿Si en este momento alguien estuviera abusando de su hijo y amenazándolo para que no dijera nada, de quién es la culpa? ¿De usted o del agresor? La mujer se dejó caer en el asiento y no dijo nada más, a los diez minutos se salió del salón.

La mujer de la conferencia pertenece a un porcentaje mínimo de las muy privilegiadas familias mexicanas que pueden darse el lujo de tener una trabajadora doméstica y una nana, que pueden realizarse en un trabajo que les gusta, que pueden tener una buena casa, dos autos y vacaciones pagadas. Y sin embargo, ni ella puede estar segura de que sus criaturas nunca formarán parte de esas 900 mil personas que son secuestradas y vendidas cada año en el mundo para fines de explotación sexual, o comercio de órganos.

Según los estudios publicados por la doctora Marta Escamilla Rocha, uno de cada cuatro niñas y uno de cada ocho niños sufren de algún tipo de abuso sexual antes de llegar a los dieciséis años. Se calcula que 60% de las familias en las que niñas y niños son abusados sexualmente por extraños son pobres y de muy escasos recursos educativos y culturales; en muchos casos, son madres solteras que tienen que trabajar recibiendo un salario mínimo, lo que significa que no tienen recursos para pagar a una trabajadora doméstica, porque lo más seguro es que ese puesto lo ocupen ellas mismas.

El Estado mexicano se ha mostrado incapaz de prestar servicios de guarderías con horarios suficientes para todas las mujeres que trabajan y, por su parte, los hombres mexicanos no se han dado a la tarea de pelear políticas públicas que impliquen el derecho de guarderías para sus hijos e hijas. Además, no podemos olvidar que muchas de las trabajadoras domésticas de nuestro país son víctimas de trata por servidumbre doméstica (y ésa es otra historia).

Cuando se dice que las mujeres ya tienen los mismos derechos que los hombres, olvidamos que no tienen las mismas obligaciones y prestaciones. Las mujeres siguen teniendo más obligaciones, para muchos aún son las únicas responsables de la educación y del bienestar moral de la familia entera, sumadas a las de ser una mujer "económicamente productiva".

En tono de sorna, Florence Kennedy dijo que "existen muy pocos trabajos que requieren tener un pene o una vagina; todos los demás deberían ser accesibles para todo el mundo". Siglos de discriminación y de la exclusión de las mujeres de la educación formal y la normalización de esa discriminación impiden que la mayoría de la gente pueda ver con claridad el brutal sexismo mexicano del siglo XXI.

Cuando una niña o niño es abusado sexualmente, casi nadie se pregunta dónde estaba el padre para evitarlo, o por qué él no dio educación sexual a su criatura para que supiera a lo que se podría enfrentar. A veces no hay más qué decir porque el violador es el propio padre. Sin embargo, la madre parece ser la culpable de todo.

Hay un problema con esta ridícula ecuación, y es que alimenta las reglas patriarcales y el tabú, pero no combate el abuso. Cuando se abusa de una niña o de un niño, se atenta contra su alma y su futuro. Y en una buena parte de las veces también la familia es víctima de engaños y maltrato.

Durante miles de años, niños y niñas fueron considerados objetos de cuidado, hoy sabemos que son sujetos de derecho con ciudadanía. Se puede prevenir, se puede educar, pero mientras haya pederastas y tratantes resguardados bajo el silencio y la mezquindad moral de la sociedad que pide –hasta en nombre de Dios y su iglesia– silencio a sus criaturas victimizadas, y que se niega a ver y a señalar al abusador, siempre se encontrarán falsos culpables.

El hecho de que el 80% de los pedófilos sean abuelos, tíos, padres o padrastros, nos dice que la cultura ha enseñado a miles de hombres y mujeres a aliarse con los agresores.

Lo bueno es que todo precepto cultural puede transformarse. El discurso superficial perpetúa la pederastia y protege a los agresores. Nada mejor que adentrarse en las causas culturales de esta forma de violencia que arrebata la infancia y el derecho de las niñas y los niños a confiar en la gente mayor.

Héroes y verdugos

Cierto día, gracias al retraso de dos horas del avión que me llevaría de regreso a casa, me reencontré con un queridísimo amigo de la infancia a quien dejé de ver cuando terminamos la preparatoria. Marcos era un tipo melancólico. En esa época, en la que quienes estudiábamos en el Colegio Madrid cargábamos bajo el brazo un ejemplar de Herman Hesse o de Albert Camus, Marcos cargaba *El capital*. Tendríamos dieciséis años y andábamos en la búsqueda de una identidad propia y del sentido de la vida. Inventábamos tardes bohemias y nos escapábamos a escuchar música de protesta a las peñas.

Marcos parecía el más fuerte de los amigos, y aunque sus ojos delataban algún secreto, y a pesar de ser mi amigo del alma y de llorar a coro con una canción de Milanés o de Serrat, nunca dijo qué dolores le oscurecían la mirada adolescente.

Esta vez, en el aeropuerto, fue diferente. Su rostro era idéntico, pero una mirada luminosa resplandecía en sus pupilas. Dos horas bastaron para ponernos al día. Me contó que se había casado a los veinticinco. Describió a su ahora ex como una mujer viciosa de la amargura, celosa y de carácter irascible.

Le dije que me parecía increíble que un hombre tan dulce como él se hubiese emparejado con una mujer de semejante perfil. "Es que yo era un profesional del dolor", me dijo sin más. Luego me explicó que su padre, ese intelectual tan respetado entre los izquierdistas mexicanos, acostumbraba golpearlo brutalmente, humillarlo cada mañana y amedrentarlo cada noche.

"El viejo creía que me iba a hacer un hombre fuerte, pero lo que hizo fue un débil miedoso".

Me platicó que descubrió su afición al dolor, y a las reiteradas humillaciones de la esposa —que repetían el inagotable ciclo del padre—, luego de haber sufrido un accidente y terminar en una clínica en Oaxaca. El médico era un viejo que le explicó que eso de aguantar tanto dolor de huesos rotos sin hacer gestos era muy malo para el espíritu. Una vez que pudo caminar, en lugar de volver a casa, decidió irse unos días a un retiro espiritual a Huautla, en la sierra oaxaqueña. Allí descubrió que le tenía temor a la vida, y por ello se había escondido en los libros, en la explicación racional del mundo.

"Tenía pavor", me dijo iluminado, "vivía en el terror de ser maltratado, y acabé eligiendo a una mujer que no me amaba".

El caso es que Marcos volvió de Oaxaca con sus descubrimientos arrobándole el espíritu, y cuenta que entrando a casa miró a su mujer (quien ni siquiera fue a verlo al hospital) y allí mismo él le pidió el divorcio.

Mi amigo narró cómo durante años sentía temor a tener hijos, pero una vez que abrió su caja de Pandora, comprendió que él no era como su padre, ni tenía por qué ser un hombre violento, y que tenía una gran capacidad para la ternura y el amor. Así que con su nueva pareja tiene dos pequeños. Cuando me mostró las fotos, llamaron a abordar y nos miramos entristecidos por la interrupción.

Sentí una gran decepción por dejar esa conversación maravillosa. Intercambiamos teléfonos y abrazos. Al alejarnos le pregunté por qué nunca pidió ayuda. Con una sonrisa auténtica me respondió: "Porque él era mi héroe, el hombre que yo admiraba, a quien amaba profundamente. ¿Cómo iba a traicionarlo?" Mis ojos se inundaron con esa mezcla de tristeza y admiración que llaman compasión (es decir, compartir la pasión del otro).

Ya en el avión, pensé en lo inconcebible: Marcos era mi mejor amigo, nos veíamos a diario, comía en mi casa, jugábamos basquetbol y jamás me di cuenta de que fuera víctima de violencia.

Recordé al psicólogo Martin Seligman, quien llevó a cabo un estudio sobre la *normalización de la violencia* o el síndrome de indefensión aprendida. Una vez que la persona maltratada se acostumbra a la violencia, y descubre que no puede escapar de ella, pierde su instinto para huir y aprende a vivir así. Por suerte, mi amigo halló a un hombre sabio que le enseñó el camino para volver a la paz, y supo que podía salir de una relación tóxica.

Me maravilló la honestidad de Marcos, su inteligencia emocional. Deseé que todos esos niños lastimados por sus héroes, logren renovar su vida como lo hizo él. Que rechacen el ejemplo y construyan nuevas formas de masculinidad heroica que nada tenga que ver con la violencia y el poder que somete y hace daño. Si él pudo, ¿por qué otros no?

Pensé qué tan acertado es lo que dice mi amigo Paco Cervantes sobre la importancia de que lo niños violentados tengan siempre cerca modelos de hombres que asuman y controlen su violencia, que la trabajen y la eliminen consciente y afanosamente.

Puros cuentos

Mi familia llegó a visitarme a Cancún. Una noche me ofrecí para cuidar a mis sobrinas y sobrinos. Los invité a dormir y armamos un campamento en mi pequeño piso frente a la laguna. Aunque el argumento era que mis hermanas, hermanos y sus parejas merecían una noche de juerga sin preocupaciones, en realidad me emocionaba hacer una pijamada con esas criaturas que me arrejuntan el alma cuando se ríen y me abrazan.

Santiago —que cuando hace ojitos me arrebata la voluntad de decir no— me pidió que les contara cuentos como los de la abuela. Resulta que mi madre reinventaba los cuentos, por ejemplo *Piel de asno*, *La bella y la bestia* y todos los clásicos. Ella los recreaba para que no parecieran aburridos, y como buena precursora de los videojuegos en donde las criaturas deciden el final, hacía a sus oyentes partícipes de la reinvención de los hechos.

Igual que mi madre, les conté *Caperucita roja* pero modernizada y todo. Nos reímos mucho. Luego Paulina me relató una historia de *La sirenita*. A mi sobrina le mortificaba la noción de su angustiante moraleja: ¿cómo que una niña no podía ser sirena y luego persona y vivir dos vidas?, ¿por qué la crueldad de hacerla pertenecer a un solo mundo?

Al día siguiente platiqué con mi hermana Myriam, madre de Paulina y Santiago, y llegamos a varias conclusiones sobre los cuentos infantiles clásicos.

Yo comencé proponiendo que los contáramos de la siguiente manera: por ejemplo, Caperucita roja era una preciosa niña, generalmente bien portada, pero su gran defecto era que le gustaba aventurarse por la vida —ir al bosque—. En el mundo exterior, lejos de la protección de sus padres, había un lobo —el mal— que se come a las niñas que desobedecen. Así pues, la rebelde sin causa de Caperuza, terca en su búsqueda existencial como cualquier niña preadolescente, decide ignorar a sus padres e ir a visitar a su abuela, tomando para ello el camino prohibido. Y ¡zaz!, el inevitable castigo cae sobre ella. El lobo ataca a las dos féminas de la familia, ingiriendo a la abuela (aunque la realidad zoológica muestra que todos los lobos prefieren la carne joven).

La parte más esquizofrénica de esta historia es —según mi hermana— la que surge del diálogo entre el lobo y Caperucita.

A mí me parece una especie de revelación de los prejuicios sobre la actitud femenina. Me explico: la niña ama a su abuela, por tanto la reconocería fácilmente, pero su ingenuidad, rayando en la imbecilidad —propiedad que se atribuye falsamente a las mujeres desde pequeñas—, le impide entender lo que a simple vista es obvio. Ese ente peludo, colmilludo, con mal aliento y ojón que se ha disfrazado de abuela, es un lobo. Un mamífero carnívoro y no una viejecita comepanecillos dulces.

La niña sospecha, pero (imitando las investigaciones de la PJ sobre los asesinatos en nuestro país) en lugar de arremeter y levantar la cobija para asegurarse de que a su abuela la cambiaron por una bestia peluda, con vocecilla ingenua comienza a preguntar en un vacuo interrogatorio de fiscal especial: ¿por qué tienes esos ojotes? ¿Y esas manotas tan grandes? ¿Y esos dientes tan filosos?

En la versión original, el *canis lupus* engulle a la abuela y a Caperucita. En la que a nosotras nos contaron de niñas, sólo deglutió a la abuela, pues cuando la de la capa roja empieza a gritar pidiendo auxilio, los hombres fuertes del pueblo —los leñadores— llegan a su rescate. Abren la barriga del lobo y sacan a la abuela –babeada y bañada de jugos gástricos–, todavía viva. El padre de Caperucita le echa una perorata sobre cómo las niñas desobedientes que siguen el camino errado serán siempre víctimas del mal.

Este cuento, como la mayoría de las historias infantiles en sus versiones originales, refleja y refuerza las versiones culturalmente construidas del comportamiento femenino y masculino; explican falsamente los orígenes del bien y el mal.

Los cuentos infantiles, que son la delicia y el horror de niñas y niños pequeños, han sido utilizados desde tiempos remotos como medios educativos que noche a noche son implantados en nuestras pueriles mentes con la finalidad de preparar a niñas y niños para concebir la vida con una palmaria inexactitud sobre los preceptos humanos del bien y el mal. Nos dan una falsa versión de la capacidad irreal de los padres para salvar a sus criaturas de la perversidad y la crueldad; se atreven incluso a hacer creer a una pequeña que su padre puede revivir a un ser amado que ha sido engullido por la malevolencia que ronda los bosques de la vida.

Los finales felices se fueron afinando en el siglo XX, casi todos los originales son más crueles y sanguinarios. Pero las moralejas dejan a las criaturas profundamente confundidas, sobre todo porque no es cierto que las cosas malas le sucedan a la gente mala o traviesa.

No es de extrañar que la mayoría de los niños prefieran siempre ser el ogro caníbal, el príncipe salvador, o el rey poderoso y cruel antes que ser Pulgarcito. La desgracia es que las niñas casi siempre quieren ser princesas.

La adversidad, la ignominia y la crueldad son aspectos esenciales de los cuentos infantiles.

Así las cosas, y a pesar de lo que opinen los compiladores de fábulas de tradición oral para niños, los hermanos Grimm y otros cuentistas como Hans Christian Andersen, o su gran explotador, Walt Disney, los cuentos infantiles reivindican dulcemente casi todas las formas de violencia y discriminación..

Pero cómo decir que no, ¡si son tan tiernos e inocuos!

Gracias a los cuentos infantiles las niñas del mundo creen que los leñadores están siempre cerca para rescatarlas del mal, que los príncipes las salvarán de la muerte y del sueño eterno con un beso y que los sapos se convierten en galanes, siempre y cuando ellas jueguen a ser bobaliconas e indefensas. Para los niños es igual de brutal: crecen con el estigma de vencedores; de los héroes violentos, dominantes y asesinos. Ellos van por la vida invadidos por la frustración de no haber cumplido con el paradigma del *defiendecaperucitas* y *despiertaprincesas*. Ambos, niños y niñas, reciben el mensaje de que las mujeres —en su mayoría— son malas, brujas crueles, hadas traidoras, madres abandonadoras, madrastras explotadoras, o libertinas peligrosas. Sólo les quedan las princesas imbéciles y bellas.

Los motivos ulteriores detrás de los cuentos infantiles, hasta hace pocos años, no habían sido cuestionados —a excepción tal vez de los análisis de *Alicia en el país de las maravillas* y el pato Donald, que fue prohibido en Suecia en los setenta—. Ahora se analizan de manera profunda y desde perspectivas antropológicas, sociológicas o psicológicas.

Yo no pertenezco a ninguna de esas tres profesiones, pero he sido desde siempre ávida escucha y lectora de cuentos infantiles. Sin embargo, mi hermana Myriam sí es especialista en las revelaciones de la psique.

Así las cosas, nos servimos un cafecito y tendidas en el sillón de mi sala, uno a uno reinventamos, entre risas y asombro, nuestra muy personal interpretación de *La bella durmiente*: la suegra ogra que quiere destruir a la nuera y sus hijos; el original *Pulgarcito*: donde el ogro mete en una habitación a los niños con gorritos y a sus propias niñas con coronas para distinguirlos cuando vaya a comérselos. Pulgarcito intercambia gorros por coronas y el ogro engulle a sus propias hijas; *Las zapatillas rojas*: la niña feminista a quien su verdugo corta los pies bailarines por reclamar la libertad; *Piel de asno*: la historia de un padre incestuoso; *La bella y la bestia*: ejemplo de trata de mujeres; y *Blanca Nieves y los siete enanos*: misoginia y esclavitud doméstica. Luego llegaron *Barba Azul*: tratado de violencia de género, precursor de los asesinos de Ciudad Juárez, junto con *La Cenicienta*: explotación laboral y odio entre mujeres, hasta que un hombre la salva de las otras y de sí misma.

Al final recordamos el que más me angustiaba de pequeña: *Rapunsel*: la bruja tratante que compra a una niña para encerrarla en una torre (con una ambigua relación amor-odio) y luego deja ciego al príncipe que intenta rescatarla.

Visto de esa manera, concluimos mi hermana y yo, no hay duda de que la educación de los "respetables clásicos" no ha hecho sino perpetuar el sexismo, la misoginia, la violencia y ese falso odio entre mujeres que tanto favorece al fortalecimiento del machismo a perpetuidad.

Ambas quedamos un tanto azoradas: ¡eso les leen —nos han leído— a niños y niñas antes de dormir! No cabe duda de que el miedo, los prejuicios y la violencia deben juguetear en el inconsciente infantil. Y luego, tal vez, al día siguiente madres y padres se pregunten: ¿por qué será tan cruel mi hijo? La próxima vez que su hija quiera jugar a la princesita, piénselo dos veces, tal vez podría nutrirle de otras historias que no la preparen para ser víctima, sometida, manipuladora y dueña del falso poder de las apariencias. Y a su pequeño para ser un buen hombre y no un abusador misógino del poder.

Detectando a un hombre violento

Durante la primera semana de marzo de 2006, los noticieros cubrieron la historia de un joven regiomontano que intentó asesinar a su novia y mató a los dos hermanitos de ella. Por más que los entrevistadores intentaron arrancarle a ella una justificación sobre la aparente psicosis de su ex compañero, la sobreviviente, con el hilo de voz que le sobraba por la tráquea lastimada, explicó que él era un sujeto normal, muy celoso, un poco violento, pero en términos generales, un tipo común. Cuando entrevistaron al director de la policía de Monterrey, éste no alcanzó a perfilar al agresor. Los reporteros buscaron pistas de una "psicopatología criminal" en la escuela del joven, y sólo lograron una tibia nota en la que un par de ex compañeros decían que era un tanto asocial, que se irritaba fácilmente y que resolvía los conflictos a golpes. Es decir, un joven normal. Allí se quedó la nota, en el horror y la incomprensión.

Luego, ese mismo año, apareció en Quintana Roo una jovencita de veinte años decapitada. El novio se suicidó luego de matarla. Nuevamente los medios cubrieron la nota roja como un "crimen pasional". Los padres y las amistades de la finada narraron que ella había terminado con él porque era posesivo, controlador, celoso, y ella estaba agotada del maltrato.

El novio le aseguró que si lo dejaba, él la mataría y luego se suicidaría. Ella no le creyó. Al salir de un bar, él la encontró y se la llevó para degollarla y dejar su cuerpo tirado en la selva. Al igual que el norteño, este joven de veintidós años es descrito como celoso, agresivo y un tanto depresivo. En los "límites normales".

Estas jóvenes, una aún delicada de salud y sufriendo la pérdida de sus hermanitos, y la otra sin vida ya, tuvieron evidencias para saber que se enfrentaban a sujetos que ejercían violencia psicológica, tenían pistas cotidianas para adivinar que en una relación con ellos, ya fuese de noviazgo, de matrimonio o de unión libre, sólo les esperaba una pesadilla. El control, la humillación y la violencia física —en caso de rebelarse al control masculino— eran una advertencia de lo que podría llegar. Pero no sólo ellas pudieron intuirlo, también sus familiares y amistades, e incluso sus maestros. Y nadie se detuvo a explicarles que las amenazas de muerte que más se cumplen en el mundo son aquellas proferidas por hombres a las mujeres que han sido sus parejas y que deciden terminar una relación afectiva. Porque nos negamos a admitir las implicaciones extremas del machismo. A pesar de las abrumadoras evidencias científicas y estadísticas de masculinólogos como Mario Zumaya y Luis Bonino, o de criminólogos como Miguel Lorente Acosta, el discurso social y mediático insiste en que evidenciar las consecuencias del machismo y la violencia feminicida es propiciar una "guerra de sexos que nadie desea".

La violencia masculina ha estado —y aún está— normalizada en nuestra sociedad. Las películas y novelas nos hacen ver en los celos una demostración de amor e interés y no lo que en realidad son: una forma de control.

Cuando niñas, nos dicen que debemos sentirnos honradas cuando un hombre nos cela, porque "nos quiere". A los hombres, en cambio, les dicen que una mujer celosa es insoportable y que no hay que permitir que los controle. Aunque hay mujeres y hombres patológicamente celosos, las repercusiones y los métodos para demostrar los celos, en general, llevan a las mujeres al hospital o a la morgue, y a los hombres al diván del psicólogo o al divorcio. Es decir, por cada mujer que asesina a un varón en un arranque de celos, hay siete hombres que ultiman mujeres por la misma razón.

No se trata de minimizar los efectos nocivos de la violencia, resultado de la necesidad de controlar y poseer a otra persona al grado de someterla, nulificando su capacidad de decisión, pero lo cierto es que la violencia en el noviazgo, y el feminicidio como resultado de ella, es un fenómeno creciente en México y en países como España, Canadá y Guatemala.

Las mujeres hace diez años se casaban con hombres violentos a pesar de las alarmas durante el noviazgo: el tipo que humilla a los meseros, que se lía a golpes con otro automovilista porque lo rebasó, que la "trata como princesa" y no la deja tomar decisiones "para consentirla", que le habla como si fuera una menor de edad bobalicona, que le dice cómo vestirse y qué ropa debe evitar "porque ahora es suya y no de otros".

Muchas siguen casadas por miedo, porque "es su obligación", porque tienen criaturas, porque la sociedad y la Iglesia les dicen que si se casan se aguantan, o porque dependen económicamente de él y además "así son todos".

Esos hombres ejercen diariamente todas las formas de violencia que algunas jóvenes ya no están dispuestas a soportar. Pero rebelarse sin hacer planes de seguridad puede costarles la vida.

El problema de fondo es que la cultura de la denuncia de la violencia de pareja no abarca a los hombres como responsables y actores directos. Como si los agresores fueran fantasmas, la sociedad responsabiliza a las mujeres por entrar, quedarse o morir en una relación con un sujeto violento. Podríamos comenzar por decir que "cada 18 segundos un hombre decide ejercer violencia contra una mujer", en lugar de "cada 18 segundos una mujer es maltratada". En lugar de mostrar lastimosas fotografías de mujeres maltratadas, mostrar rostros de hombres violentos, para desnaturalizar la violencia, mostrando al sujeto activo que la ejerce voluntaria y estratégicamente, en lugar de a la solitaria víctima que la soporta.

No, estos jóvenes no son monstruos, son hombres con una pobre educación sentimental, con una construcción de lo masculino violento y misógino que nadie les cuestiona. Son varones que deciden ultimar la vida de una mujer que los rechaza, y con la clara noción de que ser propietario de una humana y controlarla es ser un tipo "normal".

En algún lugar leí que "un hombre soporta el dolor de la violencia como un castigo no merecido; una mujer lo asume como su patrimonio natural". Ésa es la verdadera tragedia cultural.

Viendo en el noticiero matutino a los jóvenes asesinos, el de Monterrey y el chetumaleño suicida, observé con detenimiento cómo, durante semanas, se fueron gestando los sutiles intentos de algunos policías y reporteros por sembrar la duda sobre alguna forma de culpabilidad de la novia sobreviviente —o la decapitada—. Descubrí un intento de compasión por los jóvenes, alimentando esas alianzas sociales con los agresores de mujeres. Por supuesto que alimentar el rencor no es saludable, ni deseable; sin embargo, es muy fina y peligrosa la línea fronteriza entre la lástima por los hombres que eligen accionar su violencia como método de control, y la perpetuación de un perverso justificante social. Sin la autorresponsabilidad de los agresores por sus propios actos violentos, la impunidad se nutre, la corrupción se fortalece, pero sobre todo, se da ejemplo a otros jóvenes.

Quienes creen que la cultura no perpetúa valores, pueden cantar junto a José Alfredo Jiménez: "Con dinero y sin dinero, hago siempre lo que quiero y mi palabra es la ley. No tengo trono ni reina, ni nadie que me comprenda, pero sigo siendo el rey". Como en el cuento infantil del *Traje del rey*, cada vez que

hay un acto de violencia como éstos, hombres y mujeres deberíamos señalar a ese reyezuelo potencial en millones de jóvenes,
un rey que controla, que violenta y mata mujeres a quienes
considera de su propiedad, cuyo comportamiento tiene como
sustento ideológico el machismo que da justificación a sus actos. Señalar al rey, aunque nos tachen de feministas, aunque nos
desprecien en el reino del machismo, es una responsabilidad ética
de todas y todos, ¿no lo crees?

La madre niña

Mientras hacía antesala para entrar con mi ginecóloga, abrieron la puerta del consultorio y escuché la voz de mi doctora despidiéndose de su paciente; aparté la mirada de la revista que leía para ver si era mi turno.

Frente a mí estaba una mujer de unos cuarenta años con el rostro descompuesto. A su lado, una jovencita de unos quince o dieciséis años cuyos ojos denotaban una larga sesión de lágrimas. Con su cara aniñada y las pupilas cristalizadas me miró y bajó los ojos, mientras posaba su mano izquierda en una pequeña barriga incipiente. Me levanté y alcancé a escuchar el reclamo rencoroso de su madre: "¡Deja de lloriquear! Tú te metiste en esto".

No pude resistir preguntarle a mi médica cuál era la historia. Me dijo muy conmovida que la madre llevó a la joven a revisión para confirmar su temor: un embarazo adolescente. La doctora me contó cómo la madre, en su frustración, presionaba a la hija a que confesara ante la ginecóloga la "estupidez" que cometió. Ella simplemente repetía que sus amigas ya no eran vírgenes, que se le había antojado probar y ya, que nunca pensó quedar embarazada. Estaba horrorizada y la adolescente preguntó a la doctora si había forma de darle unas pastillas para que no tuviera ese bebé indeseado. A más de tres meses de embarazo, le dijo la médica, no sirve el método de anticoncepción de emergencia. La madre se escandalizó y dijo que jamás permitiría que una hija suya abortara, que de ahora en adelante la jovencita cargaría con las consecuencias de sus actos.

116

Platicaba con la doctora sobre la gran cantidad de jóvenes adolescentes de clase media y media alta que terminan embarazadas por no utilizar medios anticonceptivos. Durante siglos ha sido "normal" e invisible para las clases media y alta que las adolescentes de zonas rurales queden embarazadas y asuman ese embarazo, no sólo como natural, sino además como el único instrumento de aceptación social en su comunidad; su "destino social" por haber nacido mujeres.

Mi doctora me insistió su frustración: no es que los métodos les fallen, es que ni siquiera los utilizan.

Platicando con la médica concluimos varias cosas: algunos programas de televisión, ciertos espacios radiales, de Internet y revistas impresas, con su promoción, saturación y bombardeo de los sentidos, distorsionan la visión sana de la sexualidad humana. La pornografía y el sexismo, que tratan como objetos genitalizados a hombres y mujeres, incitan a practicar ese tipo de sexualidad en las y los adolescentes. Les confunden y crean, inevitablemente, graves problemas sociales, psicológicos y de salud pública, entre ellos la violencia sexual y el embarazo adolescente.

Esta distorsión y manipulación obscena de la sexualidad ha provocado en los jóvenes conflictos peligrosos que los motivan a enfrentar, por un lado, los instintos naturales que conducen ansiosamente a buscar la satisfacción de su libido y, por el otro, las prohibiciones sociales, culturales y, principalmente, religiosas. Además, para documentar el pesimismo, para las y los adolescentes de todos los tiempos, lo prohibido es una gran tentación.

¿Y el novio? –pregunté a mi médica–, ¿los forzarán a casarse? No, respondió. Por eso está más enojada la madre; porque los padres del fecundador lo mandarán a Monterrey a estudiar, dicen que no es justo que se sacrifique por un error adolescente.

Diversos estudios sobre sexualidad humana demuestran que a mayor conocimiento del cuerpo y la sexualidad, mayor es la capacidad de goce y más tardías y responsables son las relaciones sexuales. La autodeterminación está directamente relacionada con el conocimiento del yo, del cuerpo, de los miedos y de las limitaciones emocionales, con la conciencia para prevenir lo que nos puede dañar.

Lo cierto es que, según mi doctora, las jóvenes que llegan embarazadas son generalmente hijas de familias conservadoras que cierran los ojos ante la realidad, incapaces de educar a sus hijas para saberse dueñas de su cuerpo, de su erotismo. Después maltratan y recriminan a sus jóvenes de catorce y quince años, como si las adolescentes no necesitaran personas adultas en sus vidas para darles guías emocionales, éticas y educativas.

La sexualidad, la libido y el erotismo se desarrollan durante toda la vida, en un proceso de aprendizaje interminable. Lo terrible es que casi siempre dejamos esto en manos ajenas, hasta que parece demasiado tarde. Pesa sobre las jóvenes el fardo del prejuicio y el doble discurso de sus madres y padres sobre el sexo.

No podemos negar que hay casos en que efectivamente fallan los métodos anticonceptivos, pero está claro que son un porcentaje menor. Para millones de padres y madres, no ver a sus hijas como personas eróticas y sexuadas les permite andar por la vida con esa peligrosa negación que nos hace creer que todavía son "nuestras niñas", y que son lo suficientemente inteligentes para no equivocarse.

Tener información, me dijo una madre adolescente de dieciséis años a quien le pregunté si no tenía la información antes de tener sexo desprotegido, no significa tener educación. ¡Vaya que tiene razón! La formación implica el desarrollo de un discurso interno que se convierta en principios y valores personales. Hablar de abstinencia no es infundir valores, particularmente cuando los métodos son los clásicos religiosos del miedo y la sanción, o incluso el castigo divino.

Si las y los adolescentes pueden ver en las noticias, cada vez más frecuentemente, que los curas pederastas no pagan por sus delitos/pecados, seguro se preguntarán por qué ese mismo Dios habría de castigarles por tener sexo voluntario con su pareja de la misma edad.

Lo cierto es que las sanciones negativas entorpecen el acceso a la información correcta, y confunden a las y los adolescentes. Mientras la jovencita llora encerrada y castigada en su habitación por "su pecado", muy probablemente el novio fecundador esté en el Dady'O de Cancún sonriéndole a una niña y pensando que su pobre novia ya arruinó su vida (la de ella, porque la de él sigue adelante).

La educación y la preparación para ejercer la sexualidad placentera y responsable pasan necesariamente por cómo las y los adultos conceptuamos el fenómeno. Y claro, por la manera en que las instituciones sociales (manejadas por adultos), como la escuela, las religiosas y el sector salud perpetúan esos dobles mensajes que impiden una educación de derechos sexuales y reproductivos libre, sana y completa.

Mujeres que se aman

Claudia, una amable lectora de mi columna semanal, me escribió para contarme que un texto publicado en una revista, en el cual hablo de la historia de un joven homosexual rechazado por su madre y padre, la movió profundamente. Me escribe que su hija de veintidós años le confesó lo que ella ya sospechaba desde hace años: que era lesbiana.

Claudia dice que su intuición materna la invitaba a aceptar el lesbianismo de su hija, una joven buena, inteligente, tierna y segura de sí misma. Pero el cura de la iglesia, luego de un sermón dominical, le dijo que el lesbianismo, al igual que la homosexualidad, es una abominación penada por la Biblia y por Dios. Ella es una mujer creyente, y dice sentir cierta angustia moral por la ambivalencia entre lo que su instinto le dice sobre su hija y lo que el sacerdote le insiste sobre sus principios bíblicos.

Yo creo en la espiritualidad, más que en el dogma religioso. Respeto todas las creencias, pero me parece que uno de los grandes males de la humanidad es el fundamentalismo religioso, que en lugar de promover la paz y el amor a la y el prójimo, promueve la violencia, la exclusión, la intolerancia e incluso el asesinato en nombre de algún Dios inhumano (o demasiado humano).

Hay un texto maravilloso de Rafael S. V. Rivera, licenciado en Filología Bíblica por la Universidad Pontificia de Salamanca, denominado *¿Qué dice realmente la Biblia sobre la homosexualidad?* En él, este experto en estudios religiosos plantea que para la comprensión de la sexualidad, desde el punto de vista cristiano, no se deben tomar citas bíblicas aisladas, sino intentar hacer una comprensión global basando toda apreciación en criterios evangélicos.

Entre ellos, Rivera plantea no excluir a ninguna persona o grupo en razón de diferencia racial, lingüística, social, económica, religiosa y, naturalmente, sexual. "Jesús no excluyó a nadie". Recomienda algo que la mayoría de los curas en México olvidan fácilmente en la soberbia de su poder: "Basar toda ética en el precepto del amor al prójimo. No hagas a los demás lo que no quieras que te hagan a ti. Debemos considerar que Jesús no habló nunca de la homosexualidad; era un tipo de relación que no afectaba a intereses sociales o humanitarios: no producía viudas o mujeres abandonadas sin sustento, no generaba huérfanos o hijos sin padre, ni tampoco provocaba otros problemas sociales".

"Convertir la vida sexual en el eje fundamental de la moral, como se hace con frecuencia, es una gravísima traición al mensaje liberador de Jesús", asegura el experto.

En todo caso, han sido los hombres que escribieron los preceptos religiosos —hombres sin hijos e hijas, y sin vida sexual propia— quienes se erigen como expertos en asuntos de familia, ¿no es esto extraño?

Yo creo que el instinto materno de Claudia le dice lo correcto, que su hija es una mujer de cualidades extraordinarias y que su elección de pareja y forma de vida amorosa no afectará en nada, a excepción de aprender a vivir con el prejuicio en algunos círculos sociales. Probablemente le asuste, porque romperá las estructuras paradigmáticas de la heterosexualidad como única forma socialmente aceptable de pareja. Porque irá en contra de los "valores" con que nos educan, donde las mujeres se casan con hombres y se convierten en madres-esposas como parte incuestionable del ciclo de vida.

Pero lo cierto es que a pesar de los consejos del cura de su iglesia, su hija es quien es y nadie cambiará eso. Es decir, no está en sus manos sino aceptarla o rechazarla. Nunca cambiarla, porque si lo intenta correrá el riesgo de perderla.

Yo he aprendido con los años que la mayoría de los curas católicos más conservadores y represivos son expertos doble-moralinos en su vida privada. Allí están los que han abusado de niños en las escuelas religiosas, los cómplices que los esconden, o los que en cientos de pueblos y ciudades de México tienen hijos con alguna mujer a quien mantienen escondida porque su religión les prohíbe tener pareja.

Baste recordar la historia de un cura conocido en Cancún que asesinó a una joven que era su novia porque ésta lo dejó para casarse con un hombre libre.

Millones de madres y padres como Claudia sienten que necesitan hacer las paces con sus prejuicios para comprender y amar a sus hijas lesbianas, sin entrar en crisis con sus preceptos religiosos. Me atrevo a recomendarles que se acerquen a la agrupación Católicas por el Derecho a Decidir. A ella pertenecen mujeres y hombres cercanos a Dios, profundamente espirituales, que profesan la misma fe y que pueden ayudarlas a conocer formas éticas y respetuosas de ver el mundo sin alejarlas de su religión. Su página es www.catolicasporelderechoadecidir.org

Secretos de identidad

El libro entre mis manos se titula *Orlando*. Hace unos años vi la película, me gustó y pensé que compraría el libro, pues siempre me ha gustado Virginia Woolf. Pasó el tiempo y olvidé mi propósito hasta que cierta plática con una amiga, sobre la obra de la inglesa, me recordó la historia. Mi amiga me prestó su libro.

Esta maravillosa escritora, que nació en 1882 y murió en 1941, es más moderna que ningún autor que haya explorado los vericuetos de la identidad sexual y sus significados. Aunque el libro no trata solamente sobre ese tema, yo elijo escribir sobre ello.

La autora nos lleva por un viaje insólito a lo que ser "persona, humana" significa. Si tú crees que los latinoamericanos crearon el realismo mágico, lee *Orlando* y luego hablamos.

Entre un paisaje en que los pájaros se congelan al vuelo con el aire frío y se desploman como piedras, y una mujer se pulveriza al dar la vuelta en la esquina con un golpe de aire gélido, un jovencito aspirante a poeta descubre que desea hacer algún aporte significativo al mundo, pero no encuentra cuál sea su misión en la vida.

Una tarde, en Constantinopla, se echa a dormir y luego de siete días sumido en un sueño profundo, despierta con el mismo cuerpo, pero ahora es mujer.

De la mano de Orlando, con un lenguaje fascinante, Woolf nos lleva a un viaje por los prejuicios y los significados de ser hombre y ser mujer. Se lo pregunta todo: la sexualidad, los deberes femeninos y los masculinos, las mentiras que la sociedad se cuenta para subsistir en el amor, el falso amor y el desamor. Reflexiona sobre la intolerancia, la violencia y la identidad, y lo hace con la naturalidad de alguien que, sin más, se despierta perteneciendo a un género distinto al que la naturaleza le otorgó.

La nueva mujer se va construyendo más allá de su genitalidad, más allá de lo que la sociedad que la rodea le exige que deba ser como mujer, y que antes debiera ser como hombre.

Leyendo *Orlando* recuerdo qué tan breve es la vida, que hace ciento cincuenta años ya esta maravillosa escritora —que intentó suicidarse cuando adolescente porque no comprendía al mundo y éste, a su vez, no la aceptaba con sus locuras— se cuestionaba sobre los pesados fardos de la educación constreñida en género femenino y género masculino; sobre los patrones que persiguen desde siempre homogeneizar a la sociedad y apagar todo deseo de diferencia.

Leo y gozo en la literatura el recordatorio dulce de la necesidad de comunicarnos, de compartir ideas y de reinventarnos cada vez. La posibilidad de escuchar a quienes nos rodean y respetar sus maneras de ver la vida, de dejar los juicios de valor en la basura, y acercarnos a admirar el cómo la gente va descubriendo su identidad humana a través de sus formas de amar, de desear, de describir su mundo y construir su propia vida.

Reflexiono sobre lo absurdo de que un amigo mexicano se vea en la necesidad de pedir asilo político por miedo a ser asesinado en su patria por el simple hecho de ser homosexual y haber transgredido las reglas políticas, por confrontar a hombres de poder que se fingen heterosexuales y esconden su identidad en una perversión con niños a quienes pueden acallar.

Pienso en las madres y padres que se han perdido del goce de ver felices a sus hijas, y de compartir sus logros profesionales, porque son lesbianas y salieron huyendo del desprecio del hogar materno. En las mujeres que repudian a los hombres que no quieren ser machos y en los hombres que maltratan a las que no quieren ser hembras sumisas. Reflexiono sobre la capacidad de las y los humanos para hacerse daño, para intentar destruir y descalificar lo que no comprenden.

Pienso en mi admiración por mis amigos Paco y Patrik que se aman desde hace diez años, y que están planeando entregarse votos de eternidad y fidelidad. Miro una fotografía de mis sobrinas adolescentes, hermosas y seguras de que la vida es buena, una se inicia como pintora y la otra como escritora, las admiro y gozo su capacidad para regocijarse en la vida, en un mundo que parece cada vez más intolerante e inseguro.

Leo a Virginia Wolf y me siento arrobada por la habilidad de una mujer que no conozco, que murió hace años y que me acompañó con sus palabras en un viaje por la vida, en un diálogo que me llevó no sólo a preguntarme sobre el pasado, sino a imaginar un futuro diferente donde la identidad sexual sea cosa de cada cual y se puedan amar y respetar —en lugar de tolerar— las diferencias.

Y tú, ¿ya leíste *Orlando*?

Científicamente comprobado

En un restaurante escuché una conversación masculina por demás interesante. Estaban cuatro señores ataviados como ejecutivos; de pronto, el más guapo de la mesa decidió consultar a los otros sobre sus problemas matrimoniales. El argumento era que él y su esposa dialogaban pero no podían entenderse, ella no comprendía por qué para él su familia y su carrera tenían un gran desbalance de tiempo invertido; él intentaba explicarle infructuosamente que era "hombre" y por ese hecho natural ella debía comprender que su carrera era primordial.

El problema, según el señor, era que su mujer, también con licenciatura, había sacrificado su carrera para ser una madre de tiempo completo (como si los hombres fueran padres de medio tiempo, o en tiempos extras).

La discusión no se hizo esperar, todos habían enfrentado discusiones similares con sus esposas. Empezaron los lugares comunes… que si ellas no entienden a los hombres, que las mujeres están hechas para ser madres y los hombres para ser exitosos, etcétera. Pero la frase célebre fue la de un yucateco que con enfática sabiduría expuso: "Mira papá, está cien-tí-fi-ca-mente comprobado que las mujeres son necias y no las vamos a entender nunca, mejor es quererlas nada más". Supongo que nunca supo que parafraseaba al misógino de Oscar Wilde. La frase mágica dejó a todos aparentemente satisfechos, y sonrientes cambiaron de tema.

Yo pensé en cómo se ganan argumentos en el mundo entero con la frase "científicamente comprobado". El problema con eso no es la ciencia en sí misma, sino la mentalidad de los científicos que durante siglos han fortalecido argumentos falsos traducidos a *vox populi*. Pongamos por ejemplo a monsieur Paré, un afamado cirujano francés del siglo XVI que para demostrar científicamente la diferencia entre hombres y mujeres aseguró que el hombre –por ser dueño de un pene– era superior a la mujer, y escribió: "la mujer no pudo expulsar sus órganos sexuales como el hombre debido a la imbecilidad de su naturaleza". Basándose en este mismo hecho "científico", Brocca, un neurólogo francés del siglo XIX, confirmó "científicamente" la inferioridad de las féminas, haciendo autopsias a un centenar de hombres y mujeres. Pesó sus cerebros y concluyó que Aristóteles tenía razón, y que la importante diferencia de peso de la masa encefálica entre ambos géneros demostraba que el cerebro más pequeño de las mujeres las hace menos inteligentes que su opuesto masculino. Así, Freud, Lacan y la mayoría de los padres de la ciencia han colaborado con sus aportaciones parciales a la justificación moderna del sexismo, que, más allá de la Academia, imposibilita intentos novedosos para establecer diálogos sanos entre millones de hombres y mujeres.

No creo que todos estos científicos sean intencionalmente misóginos, es decir, que desprecien a las mujeres por ser mujeres (aunque sí lo hayan sido intrínsecamente). Me parece más bien que siempre es más sencillo ir con el estereotipo común, o la visión predeterminada por los filósofos griegos, que cuestionar ideas viejas e incluir la visión femenina del mundo.

Todos los días salen nuevos estudios científicos sesgados por una visión sexista. En parte les debemos semejantes prejuicios a los deterministas biológicos que aseguran que la infidelidad masculina, la manipulación femenina, las mujeres que no saben leer mapas, y los hombres que son incapaces de pedir direcciones, entre otras cosas, son culpa del tamaño y respuestas del cerebro. Lo malo de seguir justificando "científicamente" nuestra incapacidad para entender al otro, a la otra amada, es que al final del día vamos cultivando la infelicidad y abriendo zanjas insalvables.

Me pareció que el empresario joven estaba auténticamente consternado, pero no había logrado entender que su mujer tenía derecho a sentir que estaba sacrificando una carrera exitosa a cambio de la maternidad, al menos por unos años. Seguramente sabía que llegarán los cuarenta y cuando quiera retomar su trabajo, las jóvenes llegarán a desplazarla y sus conocimientos ya serán obsoletos.

Si él fuera capaz de aceptar con ella que esta realidad es injusta y dolorosa, y negociara una paternidad más presente, tal vez ella pudiera asumir ese sacrificio laboral con más certeza. Porque no se trata de que él sea malo y ella buena, sino de ser empático con la persona amada, y aprender a comprender los retos y las contradicciones culturales a los que nos enfrenta la vida cuando tomamos decisiones que en algún momento creemos que son ideales, pero en otro momento descubrimos que son ideales pero para la sociedad patriarcal, para el estereotipo y para algunos hombres, mas no para nuestro desarrollo humano.

Machismo moderno

Dice la maravillosa psicoterapeuta Marina Castañeda, autora de *El machismo invisible*, que "el machismo sigue vivo y se ha vuelto aún más urgente desenmascararlo, comprenderlo y combatirlo en todas sus formas, debido a sus costos psicológicos, sociales y económicos en las sociedades modernas".

La vida, para vivirse plenamente, requiere entrenamiento, y cotidianamente se reivindican los patrones culturales divididos por género; en ellos el machismo se cuela en las relaciones sociales como la humedad en las casas.

Es bien simple —mucho más de lo que nos gustaría admitir—: la educación sentimental, o entrenamiento para la vida afectiva, enseña a los hombres a comportarse de maneras que a las mujeres les parecerían impensables (pero inconscientemente aceptables). Tal vez en pocas escenas sea tan contundente el ejemplo como en las rupturas. Para muestra un botón.

Jaime y Roxana tenían siete años en una relación medianamente estable. Él vive en el Distrito Federal, ella en Zacatecas. Se veían con cierta frecuencia y su vida erótica era inmejorable. Pero Jaime se enamoró de una mujer en su ciudad y decidió que lo mejor sería romper con Roxana en el último viaje que habían planeado. Ya en Las Vegas, ella, sumida en la ingenuidad total, disfrutó de la compañía, el sexo y las conversaciones. Él, mientras tanto, planeaba cómo decirle adiós "sin lastimarla". Esperó tres días, y al cuarto, cuando ya iban a regresar, según él muy sensible, le habló de todas sus virtudes y, acto seguido, soltó la bomba del nuevo amor. Ella, claro está, se mostró humillada e indignada. Él no entendió su actitud.

Tiempo después platiqué con mi amigo Jaime, quien con toda naturalidad argumentó a favor de su estrategia de rompimiento. Yo le contraargumenté que era terrible ir de viaje para terminar. No hay nada más honroso que decirse adiós en territorio neutro y salir cada cual por su lado, ir a casa y allí desahogarse a modo propio. ¿Cómo se le ocurrió seguir el plan de ir a Las Vegas cuando sabía que ya no estarían juntos? ¿De verdad creyó que a ella le interesaba un encuentro sexual a manera de despedida? Lo cierto es que la mayoría de las mujeres no desean tener sexo de despedida cuando están siendo extirpadas de la vida amorosa de alguien. Lo último que quisieran es que las toque el sujeto que media hora después se irá y las dejará en el olvido. Los hombres en su mayoría se muestran a favor de un último encuentro carnal; las mujeres no.

En cuanto a rompimientos, en términos generales, las mujeres quieren hablar, analizar, entender. Los hombres quieren tener sexo y huir de la escena (si son ellos los que terminan la relación, claro).

La educación sentimental prepara a los hombres a ver a las mujeres como objetos de deseo. Basta escuchar el lenguaje masculino para referirse a las mujeres: filete, cuero, forro, muñeca, monumento. Aunque hay mujeres que utilizan estos apelativos para describir a un hombre, sus orígenes se hallan en los grupos masculinos. Basta leer las revistas "para mujeres" y "para hombres". Las más significativas y más leídas son *Cosmopólitan* y *Maxim*. Para ellas los consejos se centran en las diversas maneras de complacerlos a ellos, incluso para romper una relación, hacerlo con ternura y tacto. Para ellos, en cambio, los consejos son aberrantes e insisten en cómo engañar, maltratar y humillar a las mujeres, recuperando la noción de *objeto femenino* que se tenía en los años treinta.

En *Maxim* aconsejan: "Si luego del cuarto bebé ella no recuperó la figura, sé noble. Primero evita el contacto visual, poco a poco ignórala, eventualmente desparécete de noche". "Si luego de usar la frase 'no eres tú, soy yo' ella no entiende que se acabó, demuéstrale que eres un cerdo, acuéstate con todas sus amigas, y si es necesario hasta con su madre". En *Cosmopólitan,* en cambio, ante un hombre que se aleja, recomiendan: "Haz las labores del hogar en un bikini pequeñito con tacones, eso lo forzará a volver a mirarte". "Si lo que él extraña es una "zorra" coqueta, ¿qué esperas?, cómprate un juego de ropa interior súper atrevido y finge ser la chica fácil que conoció en el bar anoche". ¿Habrá algo raro en estos contrastes? Mucho menos de lo que imaginamos. Son perfectamente estructurados y embonan como mano en guante. Son la perpetuación de la cultura popular del machismo.

Aunque seguramente algún lector me dirá que resulta insultante pensar que su vida amorosa se rige por los consejos de revistas populares —y estoy de acuerdo—, lo cierto es que millones de personas de todas las edades leen estos consejos y silenciosamente creen que en el fondo así deben actuar. Lo fundamental no es si se toman o no en serio estos patrones sexistas e insultantes para ambos géneros, sino que aún hay millones de hombres, incluyendo editores y articulistas, con pensamientos primitivos que creen que las mujeres son objetos de deseo, cuyos sentimientos no deben ser tomados en serio.

Ellos educan a otros hombres y son ejemplos del "heroico macho masculino". El sentimentalismo está subvaluado en las culturas machistas. A los niños los enseñan a no sentir ni admitir emociones profundas. A las mujeres a sentir y expresarlo todo. El problema es que cuando los géneros comparten vidas afectivas, en lugar de entrelazarse, en general terminan chocando. Lo cierto es que nuestra percepción de que somos una cul-

Manual del buen macho mexicano

Durante una conferencia que impartía sobre las relaciones de pareja, un hombre joven se acercó a preguntarme cómo podría saber si él era macho. Lo primero que se me ocurrió responderle fue que si lo preguntaba con auténtico interés y se encontraba en una conferencia sobre relaciones sanas, muy probablemente no fuera tan macho, pero algunos rasgos culturales debía tener. Es por ello que en esta ocasión comparto mis nociones sobre lo que consideramos en México "un buen macho".

Es propicio que de vez en vez, las feministas obsequiemos algo a aquellos que durante años han afianzado nuestra fe en el cambio. Así pues, en señal de paz y producto de una promesa a un par de amigos machitos de cantina, haciendo la más vulgar competencia a mi querida Guadalupe Loaeza, les obsequio una probadita de mi Manual de Normas para Triunfar como Machito Moderno (MANTRAM). Invito a mis lectoras a desarrollar su propio manual.

La primera característica del machín es que es capaz de decir la más inmensa estupidez con absoluta convicción. No se preocupa si su afirmación es comprobable, o si contradice las leyes físicas y los elementales principios matemáticos. Simplemente libera su estulticia y la ratifica con un suave y discreto paseo de la mano derecha por su entrepierna. Si una mujer le rebate, el macho debe guardar silencio y mirarla como si en verdad no existiera; el silencio es una magnífica estrategia descalificadora.

La segunda regla está relacionada con su apariencia. Un buen macho debe vestirse no para llamar la atención de las mujeres, sino de los otros hombres. Además debe ir provisto de las herramientas que lo proyecten como triunfador. A la cintura debe llevar colgando los últimos modelos de celular y un discreto barómetro, el cual utilizará, debo explicar, para medir los niveles de humedad y las posibilidades de tormenta para su salida en yate con un par de rubias extraordinarias que acaba de conocer (nunca explica cuánto le cobran por hora, ni que las conoció en el *table*). En caso de que lo cuestionen, dirá que son amigas de su sobrina. Aunque la llave de su Mercedes, BMW o Hummer sea diminuta y la pueda guardar en la bolsa del pantalón, siempre llega al restaurante con ella en la mano, y discretamente la deja al saludar a algún amigo. Diez minutos después pregunta a toda voz: "¡Perdón! ¿Alguien vio las llaves de un BMW descapotable rojo?" Cuando se las entregan las guarda y dice: ¡Qué barbaridad, así me robaron el último deportivo!

Si en la comida hay mujeres, cree que él es el único que tiene algo interesante qué decir, por tanto, nunca permanece callado; eso de reflexionar antes de hablar, es una excusa estúpida de los que temen al silencio. Si no ha leído los periódicos últimamente (o nunca los lee), no importa, aun así se atreve a decir a toda voz: "Eso de Oaxaca es un desastre, yo lo arreglaría en diez minutos, pero prefiero no hablar, mis fuentes en Gobernación están preocupadas". Deja todo en suspenso, para que piensen que en verdad entiende de política.

Siempre habla en voz alta, y cuando desgrana los nombres de sus amigos políticos, los llama por su nombre de pila, y presume de una relación cercana con ellos (evita decir "Precioso" y pedir botellas de coñac, sólo por si las dudas). Eleva su tono de voz de manera tal para que sus interlocutores y personas situadas en un radio de cien metros escuchen todo lo que dice. Si una mujer quiere intervenir, interrumpe subrepticiamente con un: "¿Otro tequila, mi reina?" Y chulea su cabello o sus ojos. Siempre impide dialogar con ellas, pues pueden evidenciar su ignorancia (la de él). Si no puede evitar hablar, dice: "¡Qué barbaridad, eres la primera mujer inteligente y bella que conozco!" Y vuelve a hablar de su cuerpo.

Cuando hay mujeres en la mesa, toca como mínimo tres veces su reloj de cinco mil dólares para atraer la mirada femenina hacia su joya; puede comenzar la plática diciendo: "Yo soy feminista, adoro a las mujeres, a la mía, si quisiera, la dejaría trabajar, la trato como reina, le permito salir en las noches de jueves con sus amigas. En mi oficina la mayoría de las empleadas son mujeres, son buenísimas para chambear (evita babear cuando dice "buenísimas") y no cobran las horas extras como los hombres".

Pide a su secretaria que lo llame a media comida y que cuelgue de inmediato, para fingir que lo comunican con el secretario de Gobernación, la secretaria de Turismo o el gobernador para pedirle su opinión sobre la nueva fuerza policiaca o sobre la reforma de Estado. Se muestra parco, contundente, y cuelga rápido; siempre, al terminar, pide disculpas con algo así como... "Perdón, no me dejan en paz, lo apagaría si no estuviera esperando un correo electrónico urgente de Suiza". No olvida usar la frase "Son los inconvenientes de ser dueño y patrón, ¿no creen?"

Si una mujer se levanta de la mesa, se levanta a medias y la cinturea, toma su mano como si fuera inválida y la ayuda a salir de la silla. Trata de guardarse para sí el "maciiita" que se queda entre sus dientes.

Siempre saca la cartera cuando llega la cuenta, pero lo hace con calma; si fuma puro, finge que el humo le entra en los ojos y tarda mucho en sacar el dinero, si alguien se adelanta, dice:

"Bueno, nunca discuto con caballeros, la próxima invito yo". Si una mujer en la mesa quiere pagar lo suyo, dice: "Mientras yo viva ninguna mujer me pagará la cuenta" (ignora que esto es un acto de misoginia).

Antes de despedirse, se asegura de decir en voz alta que los invita a todos y todas a comer el domingo próximo en su yate de 60 pies, si pueden escaparse a Isla Mujeres, aunque nunca los llama.

Por último, si usted desea profesionalizar su machismo, vea más televisión mexicana en horario doble y triple A. Todos los *tips* le serán refrescados gracias a los anuncios de cervezas, telenovela y series seudocómicas.

La mona desnuda

Cuando adolescente encontré en la biblioteca de mi madre un libro que me llamó la atención por su curioso nombre, *El mono desnudo*, de inmediato pedí permiso para leerlo, y ella, como siempre, me dijo: "Lo lees con la condición de que anotes todas tus dudas y luego platiquemos".

Desmond Morris me dejó azorada. El zoólogo inglés trabajó en el zoológico de Londres, en donde decidió escribir un libro, no sobre el desarrollo cultural, sino sobre cómo los rasgos biológicos y las funciones evolutivas incidieron para que el hombre se convirtiese en lo que hoy es (o lo que era en los años setenta): un *homo sapiens sapiens*.

A lo largo de mi vida he leído diversos estudios para tratar de comprender, hasta donde es posible, cómo y cuándo las relaciones entre hombres y mujeres se plagaron de códigos de poder malsano y en qué momento la crueldad de la violencia se asentó en muchos hogares.

En la adolescencia entendí que lo que se denomina como *civilizatorio* no implica necesariamente evolución positiva, y que lo cultural puede ser lo destructivo porque reivindica valores esencialmente discriminatorios. Le debo a Desmond Morris el aprender a cuestionar siempre a los modernos biologisistas, quienes cada vez que escuchan hablar de la inequidad entre hombres y mujeres, y las estrategias culturales para mantener la dominación de lo masculino violento sobre lo femenino sumiso, recurren a las historias de los códigos genéticos y los lugares comunes para justificar constructos culturales como la falsa bonhomía innata de las mujeres y la poligamia genéticamente codificada de los varones.

Ahora descubrí que la editorial Planeta sacó un buen libro del mismo autor, ahora denominado *La mujer desnuda*. En este texto, cuya lectura es sabrosa y entretenida, el doctor de Oxford hace un viaje por el cuerpo femenino explorando la geografía de las mujeres, la física y la ideológica, y arroja luz sobre lo universal que muchas veces olvidamos.

Tengo un buen amigo que hace años me dijo: "Generalizar es siempre equivocarse". El aticismo de esta frase es aleccionador, porque tendemos a creer que lo que sucede en nuestro entorno es *la* realidad, en lugar de entender que es sólo una de tantas realidades. Sobre ello abunda el autor del libro al hablar de las mujeres, sus cuerpos, las claves eróticas y sociales, la moda y el vestido, para comprender a la mujer desnuda.

Así, Morris, que tiene 78 años y ha dado la vuelta al mundo explorando sabiamente lo que él llama "el macho y la hembra de la raza humana", asegura que cuanto más ha viajado más le ha disgustado y enojado la forma en que las mujeres son tratadas; a pesar de lo que él llama "los logros de la rebelión feminista de Occidente", todavía hay millones de mujeres que son tratadas como propiedad de los machos, y como miembros inferiores de la sociedad. Para ellas, dice el autor, el movimiento feminista simplemente no ha tenido lugar. Y claro, cuando hablamos de movimiento feminista, nos referimos a los millones de mujeres y hombres pro-feministas que han descubierto que la tendencia hacia la dominación masculina y el ejercicio de la violencia como valor universal de control es simplemente producto de una forma de pensamiento construida por la mente humana, que por tanto puede ser des, y re, construida eventualmente, para dar paso a una forma de relación social más sana y pacífica.

En la antigüedad, dice Desmond Morris, la gran deidad era siempre una mujer, pero posteriormente, al irse propagando la urbanización, sufrió un desastroso cambio de sexo, y la benigna madre Diosa se convirtió en un autoritario Dios padre. Asegura que con un vengativo Dios masculino respaldándoles, los santones religiosos consolidaron su propia importancia, y dieron un mayor rango social a los hombres en general, a expensas de las mujeres, quienes fueron relegadas a una inferioridad cultural que dista mucho de su real herencia evolutiva.

El autor se deshace, con argumentos muy sólidos, de los mitos sobre los matriarcados violentos y la guerra de sexos. Asegura que lo que han hecho primero las sufragistas, y luego las feministas en el mundo, es simplemente que se les devuelva su antiguo y primitivo papel de iguales a los machos de la especie. Este viajero del mundo nos dice que los movimientos por la libertad de las mujeres y la equidad han tenido éxito en Occidente, y a él se han sumado muchos hombres; sin embargo, explica cómo en otras partes del planeta no sólo no ha surtido efecto la influencia de la cultura de la equidad y la no violencia contra las mujeres, sino que además, en ciertos países, la subordinación femenina obligada no ha dejado de aumentar significativamente.

La mujer desnuda es un libro que hombres y mujeres deberían leer. Nada mejor para planear el futuro transformador que entender el pasado. En este caso, gracias al zoólogo humanista, nos alejamos de los discursos panfletarios y exploramos, en una vuelta al mundo, las diversas visiones que se tienen del cuerpo femenino y todas sus implicaciones en cuanto a lo que "ser mujer" significa.

Una frase que me fascinó de este texto es: "Nunca se planteó que un sexo dominara sobre el otro. Dependían totalmente unos de otros para sobrevivir. Había un primitivo equilibrio entre los seres humanos: eran diferentes pero iguales". Y tú, ¿ya lo leíste?

Almas fracturadas

Cuando niña –hace ya cuarenta años–, mi madre nos advertía de los "robachicos". En la colonia Mixcoac, donde crecí, había una anciana que rondaba siempre las calles, y el señor de la papelería nos decía: "No se le acerquen ni le acepten dulces, porque se roba niñas y las vende a hombres malos". Habrían de pasar años para poder entender que esa anciana era una tratante, protegida por el policía de la esquina de Avenida Revolución.

Las mujeres somos más del 51% de la población, sin embargo, en documentos oficiales y discursos se segrega a esta mitad de la población por ser un "grupo vulnerable" por las elevadas cifras de violencia, pobreza y discriminación educativa y patrimonial que viven millones de mujeres mexicanas. En una cultura centrada en el patriarcado como cabeza dominante de la estructura social, toda persona que no es varón y adulto heterosexual forma parte de "los otros grupos sociales". Este lenguaje perpetúa la desigualdad de derechos entre hombres y mujeres, y aporta al imaginario social –incluidas niñas y mujeres– la falsa concepción de que las mujeres son víctimas de violencia porque son "vulnerables". Con esta trampa cultural, la responsabilidad de la violencia recae en quien está en una situación de desigualdad –en este caso la mujer–, y se excluye de la responsabilidad a quien perpetúa la violencia como ejercicio de poder y de superioridad genérica y social: el hombre que elige ser violento.

En la violencia sistemática en la pareja, la tortura psicológica, emocional y física se utiliza como una ceremonia de confirmación del poder. Una mujer es nueve veces más vulnerable a sufrir violencia en su propio hogar que en las calles de México. Un hombre es lo contrario: nueve veces más vulnerable en la calle, donde en el 98% de las ocasiones será otro varón quien ejercerá alguna forma de violencia contra él. Miles de niñas y adolescentes mexicanas son secuestradas o vendidas cada año por sus familiares como esclavas domésticas y terminan en redes de explotación sexual comercial (también denominada "trata de personas").

Claude Lévi-Strauss nos recuerda que los hombres siempre han vendido y comprado a las mujeres considerándolas monedas de cambio en todos el mundo, en particular en los países que carecían de un sistema monetario.

Cada vez que se toca el tema de la explotación sexual comercial, se le denomina "prostitución", y sale a relucir que es "el negocio más antiguo del mundo". En una cultura de equidad entre hombres y mujeres, reconocer la antigüedad del negocio implicaría que se deben abolir las prácticas que violan los derechos humanos. Por ejemplo, jamás escucharemos a un procurador decir: "El ahorcamiento de ladrones es el método más antiguo del mundo y por ello debemos entender que no puede desaparecer como práctica judicial".

El discurso que normaliza la venta de personas es producto del sexismo y la discriminación hacia las mujeres. Quienes compran, trafican y venden niñas y jóvenes para explotación sexual comercial, se esconden cómodamente tras la disertación liberal del derecho de las mujeres a practicar la prostitución como una forma de trabajo digno. El porcentaje de mujeres adultas que ejercen la prostitución como única forma accesible para resolver un problema de pobreza, es mayúsculo. El 86% de las prostitutas adultas en Italia, España y Francia proviene de países de Europa del Este, África y América Latina. En el sur de los Estados Unidos son latinas y negras; en México son mexicanas.

En el mundo entero, hombres heterosexuales y homosexuales son los clientes que mantienen viva la demanda del negocio de la explotación sexual de niñas y adolescentes. La mayoría de los clientes de este negocio no son pedófilos —es decir, no sufren de una patología mental que los impulse a tener sexo con menores—, son, en un 90%, hombres de todas las clases sociales, que puestos en una determinada situación en que pueden tener sexo sin implicaciones morales, emocionales o éticas con una niña menor de edad controlada por un tercero, lo harán; considerando además que hicieron un favor a la niña o adolescente, pues pagaron por usar su cuerpo. Gracias al discurso de la normalización de la explotación sexual, estos "abusadores situacionales" —que pueden ser políticos, maestros, jueces, policías, empresarios, ministros religiosos, etcétera— piensan: "Esta niña es una prostituta, por lo tanto no hay mal en ello"; cuando lo que deberían pensar es: "¡Esta niña está siendo prostituida, algo anda mal aquí!"

La mayoría de las mujeres que se suman a las redes de compra, tráfico y explotación de niñas y jóvenes, fueron a su vez explotadas sexualmente y han perdido la brújula moral y emocional para comprender el daño que causan a sus víctimas. El mismo fenómeno se da en algunos hombres, en la medida en que aumenta la explotación sexual comercial de niños.

En la prostitución, la mujer o niña es una mercancía, un objeto. Bajo todos los tabúes sexuales que rodean el tema, subyace la trampa del discurso superficial: al ser ésta una industria en que las mujeres y las niñas son objetos en venta, se habla de "negociación" y no de explotación y abuso de poder. Es la degradación máxima de los derechos humanos: la mercancía es el sexo, pero el sexo no puede desprenderse del cuerpo y el alma de la individua utilizada, explotada para el negocio. Así, la persona entera (su cuerpo, su sexualidad, su espíritu y sus emociones) es el medio-objeto para que un hombre obtenga –a cambio de dinero– un fin específico: placer de alguien a quien no reconoce plenamente humana. El cliente desvincula por completo sus emociones personales de su genitalia, derecho que le es negado a quien es explotada sexualmente. La explotación sexual fragmenta de tal manera la personalidad de las niñas y adolescentes, que de no recibir ayuda psicológica y respaldo social, el daño será irreparable.

Los estereotipos y mitos sobre la prostitución imperan en el mundo. El discurso normalizado nos hace creer que la explotación sexual comercial es imposible de erradicar, pero esto es una trampa perversa reflejada en los alegatos de muchos legisladores y gobernantes, esos a quienes Eduardo Galeano llama "los puritanos del mal", perpetradores de la corrupción. Son dueños de un mundo estructurado por la violencia, el sexismo y el poder económico, y quien los evidencie o ponga en peligro, será aplastado por el aparato del poder que ellos controlan.

La erradicación de la trata de mujeres y menores precisa de acciones de Estado contra la discriminación de género, la educación sexual, políticas contra la pobreza, y trabajo de redes locales de la sociedad. La corrupción es un gran obstáculo en México, pues facilita la impunidad; sin embargo, la sociedad puede llevar a los explotadores y usuarios al escrutinio público, y exigir a las autoridades la sanción que merecen. Pero todo eso no será de utilidad mientras en el imaginario social la prostitución sea vista como un negocio voluntario de venta de sexo a cambio de dinero, y no como lo que es: la compra y explotación de personas en un marco de ilegalidad y violación a los derechos humanos.

Lo realmente ignominioso es que dentro de las cámaras de senadores y diputados, y aliados en la sociedad civil, hay grupos de presión que promueven la legalización de la prostitución y alimentan al crimen organizado que vive de la trata de mujeres, niñas y niños.

PERTENECER A LA TRIBU

La diferencia entre vivir desde el alma y vivir sólo desde el ego radica en tres cosas: la habilidad de percibir y aprender nuevas maneras, la tenacidad de atravesar senderos turbulentos y la paciencia de aprender el amor profundo con el tiempo. Sería un error pensar que se necesita ser un héroe endurecido para lograrlo. No es así. Se necesita un corazón que esté dispuesto a morir y nacer y morir y nacer una y otra vez. Ser nosotras mismas nos causa ser exiliadas por muchos otros. Sin embargo, cumplir con lo que otros quieren nos causa exiliarnos de nosotras mismas.

Clarissa Pinkola Estés,
Mujeres que corren con los lobos.

El lenguaje nos define, nos da vida

¿Qué hay en una palabra? Hay una historia, una revelación, una transformación; también una identidad, un combate, una victoria o una derrota. Una palabra puede expresar el ingenio de una persona política, la creatividad de una artista, el grito de alarma de una activista. Hay palabras que incitan a la violencia, otras a la paz. Hay palabras que expresan el poder de excluir, otras, la voluntad de incluir. Cada vez que un presidente dice "mexicanos y mexicanas", una niña se descubre en esa voz, se sabe mencionada (aunque todavía no ciudadana plena). Cada vez que un jurista dice "los derechos del hombre", una mujer se percibe excluida.

Hace unos días me entrevistaba un colega periodista en la radio. Yo, tal y como hablo desde hace años, dije varias veces frases como "los derechos de los hombres y las mujeres", o "las y los periodistas…". El colega no pudo más y en medio de esta entrevista seria sobre derechos humanos, se mofó de mi lenguaje preguntándome si Martita Sahagún, la ex primera dama, me había dado clases de lenguaje foxista. Me quedaba poco tiempo, pero lo tomé para explicar que las ideas se construyen desde el lenguaje y ése es nuestro instrumento como periodistas; por eso es doblemente importante no perpetuar la exclusión lingüística de las mujeres en el mundo.

Dice la lingüista Agnes Callamard que desde el 2001 para el Consejo de Europa de la Academia de la Lengua Española "el uso del género masculino para designar a las personas de ambos sexos, en el contexto de la sociedad actual, genera una incertidumbre en cuanto a las personas referidas, sean éstas hombres o mujeres. Una de las razones de esta ambigüedad es el uso exclusivo de la palabra 'hombre' para referirse a hombres y mujeres, porque establece una jerarquía entre los dos sexos y resulta excluyente." Bueno, digo yo, ya era hora de que la Academia de la Lengua escuchara las voces silenciadas de las feministas.

Esa jerarquía lingüística se remonta al siglo XVII, cuando en 1647, el famoso gramático Vaugelas declaró que "la forma masculina tiene preponderancia sobre la femenina, por ser más noble". Entendiendo que "noble" significa distinguido, ilustre, insigne, grande, esclarecido... superior, pues, a las mujeres.

Un buen amigo, historiador español, dice que sin duda alguna, si en los mil seiscientos se hubiera estipulado que los hombres obedecieran al llamado de "que vengan todas", o "estimadas ciudadanas", o en un embate militar "a la carga muchachas", no hubiera pasado un año antes de que se desatara una cruenta guerra para eliminar el sexismo en el lenguaje. Digamos que, de ser cierto lo que dice mi amigo, la humanidad se ahorró una guerra más. Durante cuatro siglos las mujeres hemos buscado reivindicar nuestra presencia en el lenguaje, eso es lo que se llama una verdadera resistencia pacífica.

Las y los lingüistas dicen que lo que no se nombra no existe, por ello si en la Constitución, leyes, medios, no se nombra a las mujeres en femenino, se les borra sutilmente del imaginario social.

Para eliminar el sexismo como valor social, necesitamos significar nuestra diferencia genérica y convertirla en lo que Lagarde llama "materia política"; porque la diferencia enriquece, es decir, si somos capaces de reconocernos diferentes pero con igualdad de derechos, vamos eliminando la desigualdad. Necesitamos diferenciarnos, mencionarnos —a pesar del escarnio de muchos todavía cuando se menciona a las mujeres y niñas en femenino.

Hay quienes insisten en que decir "las y los estudiantes", o derechos de "las niñas y los niños", entorpece el lenguaje y la comunicación, pero ¿podrá de verdad considerarse mayor entorpecimiento ése, que negar la presencia de una mitad del mundo? Es decir, ¿es posible que no nos extrañe que poco más de 3 700 millones de personas del género femenino en el mundo no sean reconocidas por el lenguaje?

Dice mi sobrina Paulina: "Cuando yo escribo 'las niñas', me menciono, cuando escribo 'los niños' menciono a los otros, pero no a mí misma".

En una sociedad en la que la construcción cultural ha formado una estructura en que, como dijo el lingüista, lo masculino es más noble que lo femenino, para eliminar el machismo y la inequidad de género las y los ciudadanos comunes tenemos que pasar necesariamente por la recreación del lenguaje que le da significado a la vida.

Agnes Callamard nos recuerda que desde una nueva utilización del lenguaje podemos concretar nuestra visión del mundo sin seguir falsos caminos neutros. No es una tarea fácil, porque la construcción cultural ha vuelto mudas muchas de las formas de comunicación femeninas; cada vez que alguien insiste con un "que se sientan incluidas en la palabra hombre", fortalece la arcaica retórica lógico-científica-utilitaria-*massmedia* de ese neutro-universal masculino que se nos impone a todas horas.

Se entiende muy bien el peligro de que un presidente como Vicente Fox (ahora ex) asuma un lenguaje no sexista porque es lo "políticamente correcto". El problema con muchos políticos es que su mención de lo femenino y de las mujeres es parcial, inestable y carente de significado, e incluso de carga auténticamente política, es más bien una concesión parcial bobalicona.

El lenguaje debe acompañarse de acciones concretas que muestren pasos hacia la congruencia y desde ella, es decir, a las políticas públicas; por ejemplo, al reconocimiento del derecho de las mujeres a mandar sobre su propio cuerpo.

El caso es que por algún lado había que comenzar, y mencionar a las mujeres, aunque nos tardemos más, porque somos, no "la otra", sino "una" de las dos mitades del mundo.

Es justo y necesario. Albert Einstein dijo dos cosas que aplican en este tema: una, que el tiempo es relativo, y por ello ocupar un poco más de tiempo para transformar el mundo del lenguaje, no nos afecta. La segunda es que antes de ser una persona de éxito es más importante ser una persona con valores… eliminar el sexismo de nuestros valores culturales, a través de nuestro lenguaje cotidiano, no es no sólo necesario sino útil e indispensable.

La próxima vez haz la prueba. Si eres mujer, en lugar de decir "nosotros", di "nosotras", en vez de decir "padres" de familia, di "madres y padres". Poco a poco nota cómo te sucede lo que a mi sobrina, lo que nos pasa a todas… te haces presente en el mundo de una forma distinta, más plena, más real.

Ritos de adolescencia

Hay algo mágico en sentarse a mirar las fotografías de la infancia e intentar recordar cómo era y qué pensaba de la vida esa pequeña niña, con su vestido favorito, o con sus zapatos rojos y su pelota; o la que por primera vez leía un poema en público. Estamos tan acostumbradas a revivir o recordar los dramas de nuestro pasado, que a veces olvidamos reconstruir los momentos mágicos que transformaron nuestra vida, como la primera visita a la escuela, o cuando por fin pudimos leer, frente al azoro de mamá y papá, una frase completa.

Tengo en mis manos una fotografía en la que estamos mi hermana mayor, mi hermano menor y yo; en ella me veo parada como dueña de mi espacio en el mundo, fue la primera vez que recité un poema en una fiesta en casa de mis abuelitos. Recuerdo la sensación de ese momento, perfectamente, como si fuera ayer. Me sentí una niña grande, como si aprender un poema me hubiese convertido de pronto en una chiquilla diferente, más persona, más real, menos una de entre las seis hermanas y hermanos, más única. Yo y mi poema de Pessoa podríamos enfrentar al mundo.

Hay algo en los ritos de paso que dan sentido a la vida de la gente, aunque cada vez hacemos menos rituales que nos unan. Algunos son fáciles de reinventar en el siglo XXI y pueden dar mucho sentido a la vida de nuestras hijas e hijos. Recién viví de cerca uno de esos ritos.

Mi sobrina de once años tenía seis meses ya con cambios de carácter notables, de la irritabilidad, enojo y llanto fácil, pasaba a la exultante alegría y al amoroso acurrucamiento casi infantil con su madre y su padre. Una tarde, estando en su casa, mi cuñado me aseguró que ella pasaba por una transformación hormonal y que seguramente estaba cerca su primera menstruación. Me maravilló el involucramiento de Federico con su hija. Un par de semanas más tarde, mi hermana llamó para contarme que finalmente su niña había menstruado por primera vez. Me contó el ritual: le enseñó a utilizar las toallas femeninas y meditaron sobre cómo sentía el cuerpo, para que se hiciera plenamente consciente de lo que sucedía en su vientre y en el resto de su organismo.

Salieron a caminar al jardín. La madre le narró a su hija cómo se sintió ella la primera vez, y compartieron experiencias sobre el profundo arrobamiento de las emociones que invaden el cuerpo y el alma cuando la infancia se despide de las niñas. Lloraron un poco, y luego mi hermana —tal como hiciera mi madre con nosotras— le obsequió un collar de plata: para llevar al cuello el adiós a la infancia.

Esa mañana María no fue a la escuela, porque acompañó a su madre a desayunar a un lindo café donde platicaron de las inquietudes pre-adolescentes. Cuando volvieron a casa, mi sobrina le pidió a mi hermana que no dijera nada a su hermanito ni a su padre: temía que comenzaran a hacerle burlas refiriéndose a que "ya es mujercita".

En la noche, luego de cenar, mi cuñado estaba en la sala leyendo cuando María se acercó y le dijo muy seria que quería hablar con él. Le contó que había menstruado por primera vez, y él solamente pudo abrazarla, conmovido por la ternura de su hija, que se atrevía —con esa extraña suerte de vergüenza que da a las niñas al hablar de sus cuerpos— a compartir con él su paso a otra etapa de la vida. Él le dijo que debía amar y cuidar su cuerpo siempre, ella le aseguró que lo haría.

Miro a mi familia y entiendo que esos rituales de amor y aceptación de los cambios de la vida son parte de la magia que mi madre hizo con sus tres hijas y con sus tres hijos igual. También mi madre, a lo largo de su vida, vivió múltiples experiencias acompañada de su madre, que la enseñó a aceptarse, a amar o entender las transformaciones, a comprender la vida mejor a través de lo que sucedía con su cuerpo y sus emociones.

Mi madre, una psicóloga maravillosa que murió hace poco, siempre decía que la educación no está sólo en los libros, ni la enseñan en la escuela. La educación, si queremos que nuestros hijos e hijas sean adultas felices y sanas, precisa de los rituales familiares de aceptación, de comprensión y de pérdida. Casi siempre olvidamos que los ciclos que en otras culturas son celebrados en comunidad, como en las africanas y las de Australia, en la actualidad, y gracias a los prejuicios sobre la sexualidad y los tabúes sobre el cuerpo humano, dejan a los niños y las niñas que entran en la pubertad sin la posibilidad de comprender desde su propia alma que la persona en la cual se están trasformando es una maravilla.

Hace poco platiqué con un amigo ingeniero, habló sobre su hijo. Le propuse que se fueran solos de viaje, ellos dos, que le obsequiara algo significativo, eligió el libro *Juan Salvador Gaviota*. Él y su hijo de once años charlaron sobre las primeras erecciones, el deseo, los miedos y el acné. Daniel nos juró a su esposa y a mí que no sabía cómo hacerlo. Los dos volvieron transformados, unidos como jamás imaginaron. Y no hicieron nada más que llevar a cabo un ritual de amor, de aceptación, de comunicación.

Educar bien a nuestros hijos es sembrar recuerdos y abrir caminos. Es decirles a nuestras criaturas que pertenecen a una tribu, de tal manera que cuando en la adolescencia se enfrenten a influencias como las drogas, el alcohol, la bulimia o la ano-

Amor a los quince

Cuando cumplí quince años mi madre me regaló un libro: *El arte de amar*, de Erich Fromm. Mientras a algunas primas les organizaban tremendas fiestas repletas de tul, cursilería rosa, chambelanes y valses clásicos, incitándolas a creer que entraban en el "mundo de las mujercitas", mi progenitora me llevó a desayunar a un restaurante de gente adulta y entre café y huevos motuleños, me abrió las puertas al estudio del amor.

Mi madre era una francesa progresista, y yo le heredé la rebeldía, así que tampoco estaba interesada en ser parte de un ritual, a mi gusto, rodeado de fanfarria y tiesura. Yo quería viajar sola y conocer el mundo. Yo ya sabía que era mujer y soñaba en convertirme en una persona adulta plena y feliz, no simplemente en una proto-novia o proto-esposa de alguien.

Esa mañana escuché a mi madre y más tarde escribí en mi diario sus palabras.

Me narró cómo en las tribus nacieron los ritos de "iniciación de paso" y que esto de las quinceañeras era una deformación de aquellos rituales maravillosos, que se llevan a cabo aún en el Amazonas y en algunos rincones del África negra. Hay dos momentos en la iniciación para incursionar en la aceptación del yo erótico amoroso femenino: uno, el inaugural, evidentemente tras la primera menstruación, en que el cuerpo avisa que estará disponible para la fecundación; el segundo es la edad para aprender a amar y estar disponible para emparejarse en caso de encontrar a la persona con quien se desea estar (aunque ahora a los quince es ilegal. Antiguamente el promedio de vida de una mujer era de treinta y cinco años, ahora es de ochenta y cinco).

Así que ese libro era mi regalo iniciático. Según mi madre, aprendería de las palabras de Fromm algunas cosas esenciales para mi vida de mujer-amante-emparejada.

Apasionada, con sus ojos color miel iluminados, me explicó cómo debía yo comprender que el amor no es un don, sino una facultad que debe desarrollarse. Tomó el libro en sus manos y me leyó —como quien descubre los rollos del Mar Muerto por vez primera—: "Para la mayoría de la gente el problema del amor consiste fundamentalmente en ser amada y no en amar, no en la propia capacidad de amar". Hablamos un par de horas acerca de la importancia de entender que quien no sabe amarse a sí misma no puede amar a otro o a otra; puede necesitarle, desearle, poseerle, odiarle, controlarle, pero de amor sano… nada.

Mi madre me aseguró que para practicar el arte del amor yo precisaba entender los aspectos que lo conforman: el político, el cultural y el emocional-erótico. Se refería a lo que Fromm dice sobre la visión moderna del consumismo mercantil: cuánto tienes, cuánto vales.

El autor escribió sobre cómo el amor romántico, comercializado en filmes basado en los valores del mercado, establece las cualidades populares deseables en un hombre o una mujer. Un patrón de varón deseable es que éste debe ser atractivo, poderoso y rico. Una mujer deseable debe ser atractiva, dulce e inofensiva. "Si entras a ese juego —me dijo—, saldrás perdiendo". Descubrí en ese entonces que los dos valores esenciales de un hombre, para mí, eran y siguen siendo la inteligencia y la bondad.

Lo cultural y político, me dijo mi madre, es más complejo porque vivimos en una sociedad doblemoralina. Una mujer puede ser sexualmente atractiva, pero no debe demostrar que es eróticamente libre. Las leyes y la Iglesia se encargan de recordarnos que no somos dueñas de nuestro cuerpo. Un hombre puede ser tierno y hogareño, pero no debe demostrar el gozo libre de ser amo de casa y amable, porque será tachado de afeminado y perderá valor masculino en el mercado.

Cuando le pregunté que entonces, en una sociedad tan hipócrita, cómo hacía una mujer para amar de verdad, su respuesta fue la de siempre: "Siendo auténtica. A pesar de lo que digan otros, la congruencia entre lo que eres y lo que haces es la clave de tu paz interior. Eventualmente, los hombres que ames y te amen de verdad aprenderán que se enamoraron de una mujer que se conoce y quiere a sí misma. El amor verdadero, hija mía, es como el buen sexo, mientras más lo practicas, más lo fortaleces, lo deseas y lo gozas".

Es cierto que muchos libros nuevos –y más sabios– sobre el amor han sido publicados a lo largo de los años desde aquel onomástico. Sin embargo, hay algo en *El arte de amar* que me regresa a sus páginas. Recuerdo esa conversación intensa y apasionada con mi madre, y entiendo que fue un ritual amoroso que aunque no precisó de fogatas ni cánticos en el Amazonas, me dejó marcada el alma para siempre.

¡Todas a bailar tubo!

Mientras caminaba por un centro comercial, de pronto escuché mi nombre: una mujer a quien no veía desde hacía tiempo me saludaba con una mano, y con la otra detenía con esfuerzos el bracito de una niña disfrazada de Paris Hilton. Alcancé a reconocerla y me detuve. Se acercó y comenzó a hablar, como urgida de una interlocutora adulta. Me contó que llevaba toda la tarde intentando comprarle a su hijita ropa de su edad. Al mismo tiempo un grupo de quinceañeras pasó frente a nosotras, ataviadas como actrices de cine porno barato. Seguramente las indumentarias costaron una fortuna a sus padres; pero el punto no es el dinero, sino el concepto.

La mujer me explicaba, mirando y señalando a las chicas, que su hija no pensaba en otra cosa que en verse igual, convertirse en Miss Universo, y que ella ya no sabía qué hacer. Pregunté qué edad tenía la hija. "Va a cumplir nueve", aludió. "Muy sencillo —dije—, tú eres la madre, tú la educas, y no la dejas que se disfrace de bailarina de *table dance*; mientras, le das valores para entender que convertirse en objeto sexual no es una buena idea, que hay miles de opciones mejores para una mujer, como una educación sana". Ella me miró, y se despidió casi ofendida.

Me senté en un café, observé con detenimiento a las jovencitas desfilar por la plaza comercial al aire libre. Casi son un clon de Paris Hilton. Me pregunto cuántas estarían ansiosas de que alguien les viera los genitales al bajar del auto (como acostumbra París) y cuántas pagarían miles de pesos para ir al gimnasio de moda a tomar clases de tubo y de "cardio *streap teasse*".

Conociendo las estadísticas, igual me pregunto cuántas de estas jóvenes, que ya son sexualmente activas, entienden lo que está sucediendo con su vida, y lo que el futuro les depara en las relaciones con los hombres y con las demás mujeres.

La periodista Ariel Levy arroja luz sobre este tema con su libro *Female Chauvinist Pigs* (cuya traducción, muy fuerte por cierto, sería: *Mujeres cerdas machistas*). La autora explica cómo esta cultura de autocosificación de las mujeres-niñas ha llegado a límites inimaginables. Las jóvenes se hacen la vaginoplastia para hacer más visibles los labios vaginales. Portan faldas diminutas y siguen la pauta de mujeres vacuas como Hilton, a quienes los medios dan una notoriedad inmerecida. Son famosas por lo que muestran, no por quienes son o lo que hacen (con el cerebro).

La autora asegura que la cultura popular del vecino país, que tan fácilmente adoptan las clases media y alta mexicanas, ha desarrollado un modelo de sexualidad femenina basado en estrellas de cine porno y bailarinas de tubo. Este modelo tiene como supuesto objeto el de "fascinar y manipular a los hombres".

Así, las jóvenes confunden el poder del sexo con el poder real. Por unos instantes en que los hombres se excitan con las mujeres, ellas sienten que tienen poder sobre ellos, pero es tan temporal, que ellas seguirán vistiendo cada vez más provocativas, su lenguaje será más agresivo y harán sexo oral a un joven —sin reciprocidad erótica— sólo para sentir que tienen el control de la voluntad masculina. La perversidad de la trampa es brutal.

Levy aporta un dato histórico: en 2004, extraordinarias atletas olímpicas que fueron a Atenas decidieron posar desnudas para *Playboy* con tal de ganar mayor fama. Ya eran famosas como atletas, por méritos propios de sus virtudes deportivas; sin embargo, la cultura *retro* les transmitió el mensaje machista de que en realidad serían importantes si se desnudaban y mostraban sus características físicas, y no por sus verdaderas cualidades humanas y deportivas.

Este fenómeno apenas comienza a discutirse. A mí me parece que es sumamente complejo y no deja de sorprenderme que tantas madres y padres de niñas fascinadas con estos modelos de mujer (que caricaturizan la sexualidad en su más degradante forma) sientan que resulta inocuo llevarlas disfrazadas de ficheras por la vida, arrebatándoles la oportunidad de formarlas conociendo otros modelos de mujer. No pretendo moralizar, sino reflexionar sobre la maravilla del erotismo y la sexualidad libre y madura, que nada tiene que ver con transformar el cuerpo propio en falsa moneda de cambio.

Parece un retroceso cultural ver a esa nueva generación de niñas que adoptan viejos estereotipos para ganarse la aceptación del grupo socialmente dominante: los hombres. Es peligroso y reduccionista porque plantea que el único poder que las nuevas generaciones femeninas pueden obtener es el de la manipulación de los hombres a través del sexo, que su importancia se basa en qué tanto son capaces de hacer para mostrar que son unas "verdaderas mujeres".

Por otro lado, confunde a los ya atolondrados jóvenes que están entrando en el tema de los derechos de las mujeres y la equidad, pues de pronto se enfrentan a estas caricaturas de mujer misógina y superficial que se mide a través de la mirada machista masculina. Antes se le llamaba fenómeno Marilyn Monroe, y cuarenta años después regresa "recargado y arrasador" como un mal *remake* de una película que parecía haber desaparecido de las pantallas.

Es un fenómeno que algunos programas de Televisa y TV
Azteca y una de las cervecerías más poderosas de México se han
afanado en reproducir hasta el hartazgo, reivindicando la misoginia y el machismo y pulverizando la imagen de mujer íntegra
con un lenguaje evidente, despectivo y humillante.

El príncipe azul

La primera vez que vi la película *Pretty Woman* fue por recomendación de quien era mi pareja en esos tiempos. Le pareció muy buena, y se mostró fascinado con una bella actriz llamada Julia Roberts; calificó el filme de divertido y romántico. La curiosidad me llevó al cine de inmediato. Sólo recuerdo que me pareció una bobada "joligudense".

Tiempo después la volví a ver por televisión. El galán de la película es Richard Gere (*galan extraordinaire*), un empresario carismático, inteligente, culto, que ama la ópera y la literatura. Por si esto fuera poco, es dueño de una fortuna multimillonaria en dólares. Sólo tiene un defectito: es incapaz de relacionarse afectivamente con las mujeres. Necesita pagar por compañía del sexo opuesto.

El galán se queja de que las mujeres que ha encontrado en su camino son todas frívolas, materialistas e interesadas; que lo quieren por su fortuna y su apariencia. Su trabajo difícilmente le deja tiempo para divertirse, y en los círculos en los que se mueve ya se le acabaron las mujeres con las cuales podría hallar una relación amorosa. Así que decide contratar a una prostituta, encarnada por Julia Roberts, que vive con su mejor amiga, también sexoservidora, en un departamento prángana.

La contrata para que le haga compañía y le dé sexo. Su planteamiento es: "Si las mujeres actúan como putas, mejor le pago a una para que me obedezca y no me pida matrimonio, ni amor, ni respeto, ni nada".

Hasta allí vamos bien; es un contrato de compraventa de bienes y servicios con reglas y precios claros. El intercambio económico le permite a él humillarla y hacerle notar que es un objeto comprado; la somete, ¡pero es tan guapo, que se le perdona! Él, como todo buen caballero, la ilustra en actividades burguesas.

Ella aborrece su profesión, pero es la única salida que halló en una vida de pobreza y abandono.

Luego de un rosario de maltratos, iniquidades y cursilerías infames, de curiosos actos de solidaridad masculina y transformaciones de mendiga a princesa, la "mujerbonita" se enamora y el tipo se indigna. Suponía que los dos saldrían emocionalmente intactos de la compra de personas. Pero al final gana el cliché.

Luego de despreciarla diciéndole que es sólo una prostituta, va por ella en *limousine* (el sucedáneo moderno del corcel blanco) con flores en mano y un aria de ópera a todo volumen (compra novia, pero es culto). Ella, como buena Rapunsel moderna, sale emocionada porque la vida ha cobrado sentido: su comprador se volvió un buen hombre y la convertirá en una mujer con dignidad retirándola del mundo del talón.

Lo insólito es que la gente llame a esta historia un "gran romance". ¿Acaso nadie se ha preguntado qué sucede con ese príncipe moderno, discapacitado emocional, que tiene que comprarse una novia? ¿O con esa mujer que soñaba con estudiar y desarrollarse, pero encuentra como única salida la prostitución?

Moralinas aparte, la personaje, igual que muchas trabajadoras del sexo que yo he entrevistado, sueña con una vida lejos de la miseria de soportar borrachos y machitos (nada parecidos a Richard Gere) que la fuercen, la babeen y la humillen a cambio de sexo y dinero. Intuyen que tienen derecho a una vida digna, con amor y respeto; pero en la mayoría de los casos asumen que la cultura dominante es así, y se van conformando con su valor erótico en el mercado.

A mi gusto, *Pretty Woman* es una clara muestra cinematográfica de la patológica noción del romanticismo moderno. Refleja a millones de hombres incapaces de ver a las mujeres como iguales y de buscar relaciones dignas; hombres que se quejan de ser vistos como cajeros automáticos, pero centran su vida bajo la premisa "soy lo que valgo en dólares", no sólo ante las mujeres sino incluso ante los hombres. Y ellas, ni qué decir. Miles de mujeres quisieran ser "mujerbonita" para ponerle precio a su cuerpo y hallar un príncipe azul a través de transacciones superficiales. Aunque tengan ganas de ser abiertamente libres, dueñas de sí mismas, de decidir de corazón de quién y en qué momento se enamorarán, juegan bajo las reglas de la misoginia cultural seudorromántica. Sí, ya lo sé, es sólo una película de Hollywood, el problema es que el cine también aporta al imaginario colectivo lo que es socialmente aceptable. Luego de más de una década de haberse estrenado, *Mujer bonita* sigue rentándose y vendiéndose como una de las románticas consentidas de todos los tiempos.

Mentiras piadosas y malosas

Cuando era niña, mi madre y padre me aseguraban que decir mentiras era terrible, que siempre y a toda costa debemos decir la verdad.

A mí siempre me creó gran confusión saber que los adultos se confabulan con las instituciones para hacernos creer que existe Santaclós. Llegan a extremos absurdos para mantener la mentira. Luego, cuando una se entera, le dicen que eso no es mentira sino "sana fantasía". A partir de allí nos pasamos la vida deslindando esas diferencias.

La primera vez que mi madre me dijo que respondiera el teléfono, y que si era la tía Raquel le dijera que ella no estaba en casa, me sentí fatal por mentir. Entonces argumenté en contra de sus rollos sobre el pecado de engañar. Fue así que me explicó que existen cinco tipos de mentiras, con sus límites entre ellas.

Las primeras son las mentiras "blancas": indispensables para mantener la civilidad y evitar que la gente se lastime innecesariamente (como decirle a un padre novato que su bebé esperpéntico está precioso, o a la amiga a dieta que se ve más delgada). Luego está la mentira "benéfica": cuando ayudamos a salvar la integridad emocional de una persona (decirle a un niño que su madre murió, y se ha convertido en un ángel que se fue al cielo, es mejor que decirle que enterrarán su cadáver y se convertirá en una masa putrefacta que engullirán los gusanos).

Las cosas se agravan con la mentira "maliciosa": es la que se inventa para infligir un daño intencional y específico. Quien miente con malicia siempre tiene conciencia de que lo hace con conocimiento de causa y premeditación, sin embargo inventa un chisme destructivo o un rumor que hará gran daño. Casi siempre este tipo de mentira es motivada por la envidia y la necesidad de destruir el éxito de terceras personas.

La cuarta, la mentira "engañosa" o "falsificadora", es un ejercicio de poder en el que se oculta la verdad de manera intencional para sostener una situación ventajosa o de privilegio, para manipular mediante el engaño (los políticos mentirosos, como el "gober precioso", que insistía en que su voz no es su voz, o las empresas que manipulan sus finanzas para no pagar impuestos, son una muestra de ello).

La quinta, y más común, es el "autoengaño": "Fumo pero no es vicio", "engordo pero no como casi nada", "bebo a diario pero no es alcoholismo, sino especialización", "tengo sexo con otras pero no soy infiel".

Se dice que mientras más cercanía emocional tienes con alguien, más difícil resulta mentirle con éxito (excepto los mitómanos, claro).

La mayoría de los estudios psicológicos muestran que los hombres y las mujeres mienten en la misma proporción; sin embargo, se aplica la perspectiva de género. Según la Dra. Barbara Pease (*Por qué los hombres mienten y las mujeres lloran*), las mujeres mienten para hacer sentir bien a otras personas; los hombres mienten para sentirse bien ellos mismos. Una mujer dirá a otra que se ve muy guapa aunque crea que el vestido le va fatal; un hombre dirá que no puede opinar porque no sabe nada de modas. Asimismo, un hombre dirá que es promotor de desarrollo de tecnologías médicas, cuando en realidad es vendedor de medicamentos para una farmacéutica.

Las mujeres mienten para evitar problemas de pareja, pero casi nunca esconden sus emociones. Los hombres, en cambio, esconden mucho sus emociones (excepto el enojo), y mienten para evitar el conflicto emocional.

Según algunos especialistas, en las parejas casi siempre es más fácil descubrir a un hombre que miente que a una mujer (por los temas de la falsedad). A los hombres se les enseña a disculparse por sus debilidades, a las mujeres por sus capacidades. Mienten, uno para esconder sus incapacidades y la otra sus fortalezas.

Una encuesta realizada en el Reino Unido por la revista *That's Life* reveló que el 98% de las mujeres admitió que miente, y un tercio de ellas lo hace todos los días; también el 29% de las mujeres admitió haber tenido aventuras extramatrimoniales, de esta fracción, el 62% no se arrepiente.

Lo cierto es que la gente que asegura que jamás miente, está mintiendo. Mentimos para ganar algo o para evitar lastimar a alguien; la mayoría de las personas siente culpa y remordimiento luego de mentir, pero muy poca es capaz de pedir perdón por haber lastimado con una falsedad, o por haber hecho daño sin querer. Las niñas y los niños tienen, en general, una gran habilidad para determinar que mintieron "a propósito" o "sin querer". A las personas adultas les cuesta cada vez más trabajo purificar su intención e identificar cuando ellas mismas están falseando hechos y las razones por las cuales lo hacen. Mientras más insegura es una persona, más tiende a mentir en el trabajo y en la vida de pareja.

Según el psiquiatra Marc Elliot, las profesiones en que más se miente en el mundo son la política y el derecho penal o civil. Y tú, ¿sobre qué temas mientes?

Amor en el aire

Muchas veces cuando adolescente disfruté en el cine películas cursilonas y sabrosas sobre mujeres que se topaban al amor de su vida en un avión. Conforme han pasado los años, la idea de un romance nacido en el aire fue tomando matices cada vez más sofisticados e incluso fantasiosos. ¿Por qué no?

Además, claro está, de haber vivido con un hombre muy guapo que pertenecía al "Mile High Club" (que en castellano se podría traducir como "los que se atrevieron a hacerlo en el baño de un avión sin ser descubiertos y llevados ante las autoridades federales por actos indecentes antes de la era antiterrorista"), no he hecho gran cosa en un avión de línea comercial.

Lo cierto es que atrás quedaron los años en que imaginaba que algo sensacional podría sucederme en una nave aérea con un desconocido de voz ronca y ojos matadores.

Viajo al menos una vez al mes, y en mis muy personales estadísticas, más que con el gemelo de Antonio Banderas, me he topado con una serie de imitadores de Mauricio Garcés, de esos que de inmediato te miran como a punto de decir "¡arrrooooz!" y mandarte un beso vulgarzón absolutamente no pedido. Para deshacerse de ellos basta un "Perdone, señor, ¿no era su esposa la señora que mandó a clase turista?", o "Ay... qué caballero, fíjese que usted me recuerda mucho a mi tío abuelo".

Otras veces mis compañeros de asiento han sido imitadores de Richard Gere en *Mujer bonita*. Se saben y se sienten guapos, y se creen rescatadores de cenicientas bobaliconas. Así, cuando sacas el libro para dar comienzo a un par de horas contigo y tu silencio, el sujeto –en un arranque de seductor insufrible– le pide a la aeromoza que te traiga una copita de *champagne*, sin siquiera preguntarte.

Casi siempre te miran y dicen algo como: "Una dama como tú no debe beber sola". Lo indicado en esos casos es responder: "Yo conmigo nunca estoy sola", acto seguido mirar a la aeromoza y pedirle un tequila doble.

He llegado a la conclusión de que los aviones son los sitios menos indicados para levantar romance. ¿Cuántas veces no te ha pasado que antes de salir al aeropuerto te das un último vistazo y descubres que traes un *look* de diosa arrebatadora que nadie podrá resistir. Llegas a la sala de espera y allí, entre el mundanal ruido, observas a un galán estupendo. Piensas que si está en tu misma sala de espera volará contigo: ¿y si te toca al lado?, ¿y si es cachondísimo?, ¿y si allí mismo, mientras le cuentas de tu profesión, te dice que le fascinan las mujeres brillantes y empoderadas y que si no te da un beso se tira del avión? Te besa, y resulta que tiene aliento de menta fresca y los labios tibios y exquisitos. Y sigues charlando, riendo; piden una cervecita y te dice que siempre ha querido hacerle el amor a una morena como tú en el baño de un Airbus A-300 con 266 asientos y seis puertas de emergencia. Y tú sonríes y sacas de tu bolsa una linda condonera de seda china y él se levanta; tú le sigues a discreción, agradeciendo haberte puesto vestido y no pantalón, y tienes el mejor encuentro erótico de tu vida; pero…

Llaman a abordar, cruzas los dedos y pones tu mejor sonrisa, él te mira y te muestra unos dientes blancos impecables. Ya te saboreas el beso.

Él queda en la última fila de primera, sentado junto a la abuelita de Batman, una señora con más cirugías que Elba Esther

Gordillo. Y tú… claro, junto al cincuentón cruza de Don Francisco y Fox: gorila, feo y con un rollo aburridísimo. Mi conclusión es: lo mejor de volar tanto es llevar un buen libro y mantener el sentido del humor.

Cibercupido

Mi amiga Laura estaba tan ocupada con su trabajo de corredora de arte –y yo con el mío de periodista– que dejamos pasar casi un año sin vernos. Cuando por fin nos encontramos, me dejó azorada con la noticia de que se iba a casar con un sujeto que conoció por Internet.

Allí estábamos mi amiga y yo, en un bar, poniéndonos al día, y lo único que venía a mi mente eran algunas preguntas como ¿Laura?, ¿la racional?, ¿la que prácticamente mandaba a investigar a todos los amigos que le presentábamos antes de siquiera tomar un café? ¿Mi amiga que detiene el tráfico con su belleza? ¿La que trabaja en una galería y viaja por el mundo conociendo artistas y gente culta con la que se entiende? ¿Esa misma mujer se inscribió en un sitio de Internet para encontrar pareja? Yo sonreía, al tiempo que ella narraba a detalle la seriedad del sitio. Y que si bien en el ciberespacio se pueden colar asesinos seriales, masoquistas, locos y sociópatas, no en el que ella contrató. Ése sí es serio.

¿Cómo lo supo a ciencia cierta? Muy fácil. Una amiga que conoció en un *chat room* de amantes del arte, cuyo nombre, para más señas, es "Chica Boticelli", le platicó que estaba harta de estar sola y que ella había encontrado al hombre ideal en un sitio superexclusivo que cobra 250 dólares de inscripción y que sólo admite gente físicamente atractiva y decente.

El procedimiento es muy sencillo. Tienes que enviar tu fotografía para entrar a la primera etapa. Si los solteros y las solteras te consideran suficientemente atractiva, bajo una votación de una semana, se te acepta. Pagas una cuota y debes permitir una leve investigación que consiste en averiguar si no tienes deudas bancarias o antecedentes penales. Posteriormente entras a la etapa en que debes escribir una biografía "totalmente honesta" sobre ti, tus gustos, etcétera. Entras en un círculo de gente con intereses similares y comienza el show. En tu dirección especial ingresan a chatear quienes se consideran tus compañeros del alma ideales.

Yo ya había superado la etapa de juicios de valor y me hallaba fascinada por esta nueva estrategia para encontrar el amor. De pronto fuimos interrumpidas por un querido amigo –dueño del bar–, quien se acercó con otros tres sujetos de no malos bigotes. Mi amigo Andrés, que conocía a Laura, le presentó a un tipo muy agradable, arquitecto, que se dedicaba a conectar artistas mexicanos con constructores e interioristas interesados en decorar sus espacios con obras de arte dignas. El tipo estaba fascinado con Laura y ella lo trató como la dama de hielo. Después de quince minutos, mi amigo se alejó con ellos con el comentario: "Bueno, no las interrumpimos, seguro están hablando de cosas de mujeres".

Laura los miró alejarse y con un gesto de hartazgo aseguró que le choca que se le acerquen desconocidos, como si estuviera buscando pareja. Ella se sentía sola, quería encontrar al hombre ideal, y ya lo hizo. Se escribe con él todo el día, hablan por videoteléfono en Skype, se han visto veinticuatro veces en persona (él vive en Montana y ella en Cancún). Su boda será en Playa del Carmen.

Terminamos con un tequila, la abracé y le deseé la mejor de las suertes.

Mientras conducía a casa no pude dejar de pensar en las paradojas de la modernidad y en el nuevo lenguaje de comunicación. Me parece un tema fascinante lograr entender estas nuevas formas de socialización electrónica. Tengo la impresión de que nos alejan de lo esencial; de explorar la mirada del otro mientras nos descubrimos, otear cómo mueve las manos, de conocer a sus amistades, de sentir su aliento y la energía de su cuerpo antes de que nada suceda. De saber si su risa hace eco en alguna parte de nuestro corazón.

Escribiendo en el avión frente a mi *laptop*, sin hablar con nadie, pienso que no soy quién para decir que no se vale esconderse tras una computadora para comunicarse. Sin embargo, no deja de azorarme que somos capaces de remitir un correo electrónico a miles de personas en México para proteger a una mujer de Camboya, y casi nadie ha mirado el rostro de las indígenas chiapanecas que viven historias idénticas. Aquí, a la vuelta de la equina, donde en verdad podemos no sólo sentir el calor de su corazón y conmovernos con su mirada de prójima cercana, sino de hacer algo para cambiar su vida. No cabe duda de que la globalización y el ciberespacio están cambiando el mundo. Lo que no sé, es si seremos capaces de comprender cómo nos transforma y qué sobrevendrá en cien años con la concepción del amor y la otredad cercana.

Bésame mucho

Estaba en el aeropuerto esperando visita, observando con detenimiento a las personas que circulaban cerca. Pensé que cientos de momentos trascendentes de la vida suceden en los pasillos de los puertos aéreos; probablemente después de las estaciones de trenes, las terminales aéreas sean los espacios que con mayor facilidad invitan a la melancolía. Y de entre todos esos sucesos únicos, irrepetibles, reactuados por distintas personas cada día, el más nostálgico tal vez sea el beso de despedida.

No importa si es el de dos amantes o el de una familia que se despide de una persona querida. Lo cierto es que así como nos hemos olvidado de cultivar la amistad y la conversación, creo que también hemos perdido el gusto por cultivar un buen beso.

Me parece, aunque me confieso una fanática de los besos, que los ósculos están muy devaluados en nuestra sociedad. Ahora besamos, o nos besa, cualquier desconocido como si de un apretón de manos se tratara.

Algunos estudios antropológicos aseguran que el beso, como lo conocemos hoy en día, es un producto occidental. Según el escritor británico Henry Haverlok, el impulso del beso amoroso con los labios no está biológicamente predeterminado. Asegura que es un "constructo" cultural.

La cultura celta y la japonesa, por ejemplo, carecen de palabra propia para nombrar el beso.

Como las personas somos tan soberbias, pensamos a menudo que el universo gira alrededor de nuestros referentes; cuando dos aves se afilan mutuamente el pico, o dos caracoles se limpian uno a otro las antenas con la trompa, aseguramos que se besan.

En tiempos de Pedro el Grande, en Rusia, los besos se daban a los hombres para distinguirles. Un beso del zar significaba un firme reconocimiento oficial, hoy en día los hombres rusos se besan en la boca. Ese saludo es un símbolo de confianza. En el siglo XIII, si un hombre italiano besaba a una mujer en la boca, con lengua de por medio, debía desposarla.

Una costumbre lapona, extendida a la Polinesia, China y algunos sitios de África, es el beso olfativo, que es todo un ritual. La persona que va a besar, pone su nariz en la mejilla de la otra, cierra los ojos y huele su piel. Al final, hace un leve chasquido con la boca sin tocar el cutis con los labios. En la Indochina francesa, en lugar de asustar a los niños con "el coco", las madres amenazan con darles un "beso de gente blanca, baboso, en la boca"; dicen que las criaturas huyen asqueadas. En Gambia, los hombres, en lugar de besar, huelen dos veces el dorso de la mano de una mujer, robándole el aroma del tacto para intuir si pueden perderse en sus caricias.

Un estudio publicado por la Universidad de Washington asegura que un beso apasionado en la boca nos quita tres minutos de vida, argumentando sobre las excesivas palpitaciones cardiacas; estos fisiólogos dicen que envejecemos por besarnos. Aseguran que 480 besos acortan la vida un día, 2 360 besos representan una semana menos y 148 071 besos nos privan de todo un año de vida.

Y como a la ciencia le da por arruinar el romanticismo, aseguran que en un beso francés transmitimos tales cantidades de feromonas en la saliva que de inmediato nuestros cuerpos pueden descubrir si son compatibles para la reproducción, y por eso nos sentimos eróticamente atraídas hacia esa otra persona a quien besamos. ¡Gracias a Dios por los anticonceptivos!

Mi amiga Beatriz dice que un mal beso debería ser motivo de divorcio. A mí el ejercicio osculatorio me parece una parte fundamental de las relaciones amorosas, y pocas cosas me parecen tan lúbricas y eróticas como un largo beso en la boca. Será por eso que siempre me fijo en la boca de los hombres, en sus dientes y su lengua. No podría besar a un hombre de dientes chuecos, o amarillos, y mucho menos a uno que denote falta de higiene bucal o sarro.

A mis amistades queridas las saludo de beso, y en realidad no me gusta que un desconocido se presente conmigo besándome la mejilla.

Para mí el ósculo es un acto de intimidad y de afecto. Y aunque no llegaría a tanto como los locos que fundaron a finales de los ochenta la Sociedad Neoyorkina contra el Beso Indiscriminado, ciertamente me gustaría proponer una campaña de reivindicación del beso. El día del beso francés (que provocaría a más amantes a desearse y a practicar la pasión), el día del beso del corazón (que nos haría besar, todo el día, directamente en la mejilla, a quienes amamos, con la intención expresa de mostrar nuestro cariño), el día del beso a niños y niñas abandonadas (que les daría el cariño que añoran) y el día de los cien besos de los pies a la cabeza.

Miro a la puerta, y del avión baja mi pareja. Guardo mi computadora y me voy gozosa a regalarle —cuando menos— un mes de vida. Y tú, ¿cuándo fue la última vez que temblaste con un beso?

Hasta perder los sentidos

Cuando era niña jugaba con mi abuelo y abuela a descubrir palabras. Ella me explicaba un nuevo vocablo y los tres jugábamos a comprenderlo y a utilizarlo. Uno que jamás olvidaré es "hipotéticamente". El juego se hacía divertido en la medida en que teníamos que utilizar la nueva palabra en un contexto cada vez más complejo. Hipotéticamente hablando, si perdieras uno de los cinco sentidos, ¿cuál sería?, preguntó el abuelo Zeca. Recuerdo que cada vez que sacrificaba un sentido, debía explicar lo que "hipotéticamente" significaría perderlo; el juego podía durar hasta una hora, entre carcajadas y retos para lograr argumentar sólidamente.

Una tarde, acariciando el rostro de un hombre de ojos bellísimos, recordé que de niña había decidido sacrificar, al fin, el sentido del tacto. Pero mientras tocaba la piel de mi amigo, y recorría con las yemas de los dedos sus cejas y su cabello, así como la suavidad de sus labios tibios, turgentes y suaves como la piel de una ciruela, me percaté de que mis manos se movían a un ritmo ajeno a la conciencia. Exploraban y percibí en ellas un leve temblor. Nos mirábamos a los ojos, sonriendo por el tiempo perdido y la añoranza de acercarnos para reconocernos. ¡No!, pensé, el tacto es la puerta a la piel del otro, al calor y al frío; cuando toco a la gente que amo, mi cuerpo entero sonríe.

Con un beso probé su sabor y descubrí de inmediato que en el humor de su boca había secretos que en silencio se metieron a mis entrañas para irse descubriendo lentamente, para quedarse

179

allí, aun después de nuestra despedida. Me atreví a degustar el sabor de la piel del hombre y de las palmas de sus manos, y comprendí que el sentido del gusto, además de salvarme de un platillo envenenado, puede significar el preludio de un inolvidable encuentro de antropofagia amorosa.

Pasaron los minutos y allí estábamos, pegados uno frente a la otra, tan cerca como la materia permite a dos cuerpos que se quieren explorar. "¿Sabes cómo besan en la Polinesia y en Nigeria?", pregunté. "No", dijo. Y acto seguido me acerqué a su mejilla aspirando el aroma de su rostro con ahínco y lentitud, luego, antes de alejarme por completo, troné la lengua contra mi paladar… "Así". Primero perciben el aroma de la piel de la otra persona, luego emiten un sonido que en casi todas las culturas sirve para alejar los malos espíritus (parece que los conquistadores europeos vieron ese ritual olfativo y lo convirtieron en el beso moderno). Oliendo la piel de otra persona sabemos si siente miedo, deseo, tristeza o cariño.

Mi sentido del olfato es muy agudo, estoy segura de que a él le debo pasiones y amistades. Me es indispensable como guía para hallar gente buena y amores.

Mientras jugábamos a oler nuestra piel, nos reímos y miré con detenimiento su cabello ondulado, oscuro, asaltado por algunos cabellos blancos, y alrededor de su mirada, las leves arrugas, manifiesto de una vida serena y sonriente. Cerré los ojos e intenté suplir la vista con el tacto. Imposible. Ansiaba otear cómo cambiaba la luminosidad en el iris cuajado de luz en sus ojos y el reflejo de mí en sus pupilas. Imposible ofrendar el vislumbrar cómo se va construyendo el deseo en los colores cambiantes de su piel, y perderme de las claves de la mirada encendida para dar un paso adelante. Para atrevernos.

Se acercó a mi oído y muy suavemente me dijo lo que había imaginado desde esa primera vez que nos conocimos, y luego, después de un par de correos electrónicos, la búsqueda de razones para encontrarnos frente a frente. Al fondo escuchábamos el coro de una ópera de Wagner; justo cuando estaba a punto de sacrificar "hipotéticamente" el sentido del oído, supe que sin la música eventualmente podría morir de hastío. Parecía que los tenores me intuyeron, y elevaron su canto mientras un azote de pasión recorrió mi espina junto con la Sinfónica de Berlín.

Nada. Se me acabaron los sentidos y no fui capaz de sacrificar uno solo. Como último recurso, le pregunté a mi compañero de exploración erótica: "¿Y tú, hipotéticamente, qué sentido sacrificarías?" Sonrió y muy seguro dijo: "El sentido de la orientación. Porque guardo la brújula que me regalaste hace tiempo".

En ese instante decidí comprarme una brújula, después de todo, incluso en la pasión, podemos perdernos. A veces, para volver a casa, hace falta saber hacia dónde está el sur.

En honor al placer

Un grupo de amigas y un amigo nos reunimos a beber una copa de tinto; a celebrar la vida. Entre risas y recuentos de los huracanes que hemos pasado en Cancún, la conversación se tejió alrededor de los sentimientos de Soledad y Miedo, así, con mayúsculas —después de todo, pasar las horas escuchando el viento destruir tu cuidad es confrontar el temor a lo desconocido.

La soledad, acordamos, es una emoción que tiene dos caras: una oscura y otra luminosa. Hablamos de cómo el miedo y la solitud nos invitan a estar en compañía para enfrentar las tragedias. Durante uno de los huracanes que he pasado desde que decidí vivir en Cancún hace veinte años, nos resguardamos en casa de una amistad, en una de las colonias menos susceptibles a ser destruidas, y pasamos la aventura en grupo comiendo sándwiches, esperando que pasara la tormenta y que volviera la luz para iluminar la vida, y el agua para saciar la sed. Vivir un huracán es un acto de supervivencia para algunas personas, para otras una aventura memorable, o las dos cosas.

Sin percatarnos, construimos una historia metafórica de las relaciones amorosas. Eduardo, el bendito entre las mujeres, no tardó en seguir el juego de palabras.

Mis amigas aseguraron que si en la vida no sabemos cuándo enfrentaremos una tragedia, es mejor tener siempre alguien al lado con quien "pasar la tormenta". No coincidimos, la soledad hace falta como emoción, recordamos que la palabra significa "en movimiento" (*e-motione*). Ése es el propósito esencial del sentimiento, ponernos en movimiento, llevarnos a la acción para el autoconocimiento, para crecer, amar y, por supuesto, para gozar de los placeres.

"En soledad –dijo Ale–, no puedes gozar del placer". Sabíamos que el diálogo derivaba de inmediato al placer sexual. Y entonces, pedimos otra botella de *Nebbiolo*. Leda nos recomendó su favorito.

Fue una larga conversación con argumentos políticos y religiosos. Al final, yo insistí en que no había manera de aprender del goce erótico sin conocer nuestro cuerpo en soledad. La autocomplacencia ha sido muy vapuleada por la cultura occidental, y a pesar de que sabemos que los mitos religiosos no son ciertos (después de todo no tengo ningún amigo de palma de mano peluda; ni yo y millones de mujeres nos hemos quedado ciegas o tartamudas), conocer el cuerpo propio es una tarea de amor que se confunde con un sucio juego.

La Inquisición, con su oscurantismo, nos dejó herencias difíciles de desarraigar. Tengo amigas que en la infancia su madre las forzaba a bañarse con ropa interior para no tocar su genitalia, y otra que se bañaba con la luz apagada para no ver su cuerpo. Nos han educado para creer que el placer erótico se puede alcanzar únicamente a través de otra persona. Además, nos han dicho que ese otro, u otra, debe entender la geografía de nuestro cuerpo como si fuera hijo, o hija, del mismísimo doctor Kinsey.

No resulta raro entonces que una mujer de treinta, que se considera liberal, se haya apropiado del tabú de la autocomplacencia erótica. Lo cierto es que aunque aparentemente para los hombres el darse placer a sí mismos es algo natural, las cargas culposas por tocarse y desearse son casi tan terribles como las femeninas. El mensaje que nos dan es que no debemos explorar, desear, conocer el propio cuerpo. Y la ironía llega cuando en la adolescencia nos dan "educación sexual escolarizada", que no entiende de erotismo, sino de genitalidad.

Allí, creo yo, se encuentra todo el entramado de las malas relaciones erótico-amorosas en nuestra cultura. Primero nos dicen que nuestro cuerpo no es territorio de exploración placentera y, para asegurarse, cincelan en nuestra mente el miedo y la culpa. Luego, a los veintitantos, las revistas nos cuestionan por qué diantres no somos diosas multiorgásmicas, y ellos expertos en la contención del impulso y el goce tántrico de la aspiración orgásmica.

Ante tal panorama nos quedan dos opciones: una es hundirse en las aguas de la soledad y buscar una pareja sexual —no necesariamente erótica— para llenar un vacío que no se colma nunca; la otra es explorar la geografía de nuestro cuerpo, y allanar el placer de la piel y de los rincones que guardan secretos emocionales dulces y arrebatados. Aprender a indagar la fantasía propia para luego, no por soledad, sino por convicción, ser capaces de saber pedir a la otra o al otro qué nos gusta; de perdernos en otro cuerpo amorosamente y sin miedo a lo desconocido. Digamos que yo creo que cada una llevamos dentro un huracán de placer, y que éste puede causar un gran desastre o convertirse en la alegría de nuestra vida. Como en el caso de los huracanes, podemos sobrevivir al placer o hacer de él una aventura.

Reivindicando la honestidad

Hace un tiempo mi amiga Leda, una experta en vinos y ternuras, me invitó a su pequeño rincón del vino. Allí nos congregamos un fenomenal grupazo de mujeres de entre treinta y cuarenta años. Todas con ganas de vivir y dispuestas a mostrar la evidencia del gozo por estar y ser, aquí y ahora. Se colaron tres amigos que pasaron la noche observando –y riendo con nosotras también– el arrollo de alegría que se dio al lado de Alejandra, la cantante de tremenda voz que ha dejado huella en Cancún.

Así fue la cosa: no todas nos conocíamos, pero luego de quince minutos las nueve ya estábamos en una franca camaradería digna de amistades de la infancia. Coreamos a la cantante, nos reímos de nosotras y de la vida. Bailamos las movidas y las tranquilas. Brindamos por cualquier cosa y dijimos verdades tan grandes como catedrales.

El lugar es un sitio de fama local. De vez en vez entraban en el salón de nuestra pachanga improvisada hombres y mujeres que se dirigían a los baños. Las miradas fueron, en general, de desaprobación.

Me dediqué a observar a quienes entraban, una pareja que quedó sentada a nuestro lado, casi cautiva y arrinconada por nuestra flagrante alegría. Hablamos entre risas y muy en serio de los cursos de sexualidad, por fin le obsequiamos a nuestra amiga, como regalo de cumpleaños atrasado, un juguete erótico. La pareja nos observó casi indignada.

Los tres amigos brindaban con nosotras pero no se animaban a soltar el cuerpo bien a bien.

Dueñas del cuerpo y de nuestra vida, dábamos rienda suelta a la alegría, a la amistad, al sentido de tribu alegre. Entró Leda y le pregunté: "¿Tienes clientes asustados allá afuera, verdad?" Ella sonrió parsimoniosa y dijo: "Sí, no entienden bien qué sucede". Yo pensé, ¿qué hay que entender sobre la alegría? ¿Qué petulancia invade a las y los comensales de restaurantes que se convierten en refugio de intelectuales y artistas? La hipocresía, pensé al asomarme a las mesas de quienes discutían no sé qué cosas, sin escuchar a la pareja de maravillosos guitarristas y cantantes que les acompañaban. Recordé a un amigo catalán que me decía que las y los mexicanos hasta para divertirnos somos moralinos.

Claro, miré a mis compañeras de alegría. Era un viernes por la noche, el fin de una semana de trabajo y responsabilidades, de vestuario serio y conversación trascendental.

Algunas de ellas son lesbianas, un componente que aterroriza a la y el mexicano promedio, incluso al que se finge liberal. Lo sabes siempre cuando alguien asegura "yo tengo una amiga lesbiana", como quien para convencerte de que no es racista te cuenta de aquella ocasión en que habló con un negro en Veracruz o en Nueva York (sin que lo asaltaran), o la vez que entró en un bar gay (pero se calla el ¡uff! y salí sin contagiarme), como si hubiera pasado una prueba similar al infierno de conseguir una visa estadounidense en México.

Amanecimos bailando y riendo, brindando por estar allí, por ser nosotras mismas, por no pedir permiso para ser felices.

Unos días después de esa maravillosa noche, fui requerida a una cena con la *creme* de los periodistas y empresarios. Una noche de fatuidades. Decidí salirme temprano. Los chistes preparados, la plática sobre autos nuevos y casas en la playa me agotaron. Pero lo más desagradable fue observar a algunos de los conocidos, que aquella noche nos miraron con desaprobación, llevar a cabo su ritual de falsedades y risas fingidas, de guayaberas almidonadas y exceso de alcohol para soportar la noche y a su gente.

Intenté, al menos en la mesa en que yo estaba, hablar sobre el descrédito que ha adquirido la alegría honesta en nuestra sociedad. Pero sobraron las palabras. Había que hablar con seriedad, la autoimportancia era el valor de la noche y yo, francamente, estaba convencida de que sobrevaloramos el peso del poder, de los nombres y apellidos conocidos, de la fama y la fortuna.

Me salí y fui camino a casa mirando las palmeras de la avenida Kukulkán, pensando en que mi gran fortuna estaba en mis amistades del alma, esas con quienes —como quien juega en la feria del pueblo— vamos tirando las máscaras de "la valiente", "el catrín", "el soldado", "la dama"... ¡lotería!

Somatizando la infelicidad

Mi madre era una extraordinaria psicóloga, no lo digo porque fuera mi progenitora o porque la admirara profundamente como humana, sino porque desde niña vi los asombrosos resultados del trabajo con sus pacientes. Ella no creía en la terapia de largo plazo, aunque siempre admitió que había pacientes con problemas que rebasaban su capacidad, y por lo que los recomendaba con otro tipo de especialistas en salud mental.

Entre bromas, mis hermanas y yo –ahora en la vida adulta– decimos que nuestra casa fue un psicolaboratorio en el cual mi madre podía experimentar todas sus teorías con sus seis criaturas; desde que comenzó a estudiar a Piaget, hasta que descubrió a Ericsson, o la logoterapia de Frankl, y luego el constructivismo y la narrativa.

La gran lección que nos dio la psicóloga de la casa es muy sencilla: "La mente sana cuando el alma persiste en la búsqueda de respuestas para la felicidad interior".

Hace unos cuantos días, reunida con toda mi familia, vi el último video que le tomaron en una despedida, unas semanas antes de su muerte. En él están un centenar de sus "alumnas de la vida", como les llamaba a quienes iban a sus cursos de trabajo interior.

Con su sonrisa encantadora, mi madre, ya envejecida por los medicamentos, dice: "No tienen nada qué agradecerme: ustedes han hecho el trabajo, tienen el motor, yo solamente les ayudé a hallar el combustible". Sus palabras pueden sonar a receta simplona de autoayuda, pero a mí me parecen la quintaesencia del trabajo terapéutico.

Anoche escuché una historia de un intento suicida en los labios de una joven que es mi ahijada. Una amiga suya, artista en ciernes de diecinueve años, compartía una casa de estudiantes. "Es bipolar", dijo muy seria. Cuando la encontraron había ingerido suficientes somníferos para terminar con su vida. La madre de la joven suicida les reclamó por teléfono a las amigas el no haberse dado cuenta de que su hija había dejado de tomar sus medicinas para la enfermedad bipolar. Pregunté si la joven estaba en terapia, para eventualmente dejar el medicamento, la respuesta fue negativa. El médico le dijo que toda la vida debía tomar remedios, que poco a poco eso resolvería sus problemas, aunque debía controlar su necesidad de cuestionarse tanto la vida y "evitar" sentirse incomprendida. Debía "ser más normal, como sus amigas".

Mientras los laboratorios incrementan sus ventas aduciendo que todas las personas creativas e hipersensibles que enfrentan crisis existenciales, y con tendencia a la depresión, son "bipolares", o que los niños y las niñas incapaces de sentarse a escuchar una conversación, una clase o un consejo adulto, sufren del "síndrome de atención dispersa", cada día vemos más gente infeliz medicándose para intentar resolver sus problemas afectivos o sus relaciones familiares, sin importar la edad.

Cada vez conozco más mujeres y hombres deprimidos, entrampados en relaciones tóxicas, que son irresponsablemente medicados por especialistas del cuerpo que hace años olvidaron la relación entre el organismo, la mente y el espíritu. Los medicamentos no les hacen felices, simplemente les permiten llevar el pesado fardo de su infelicidad con una sonrisa inducida por pócimas capaces de ayudarles —falsamente— a contener una cascada de lágrimas que, de fluir, no recibiría consuelo.

Lágrimas que se acumulan con la historia de cada día, en un catálogo interminable de miradas sin respuesta, de ausencia de abrazos cálidos y de palabras incapaces de entablar un diálogo de diferencias y aceptación.

Pensé en la sabiduría de mi madre y me conmovió la joven que seguramente supo en su interior que dejar totalmente el medicamento le permitiría hacer una búsqueda más profunda en sus emociones, pero nadie le dijo que tenía un motor propio, que las emociones son mensajes de lo que te mueve (de *e-motion*: en movimiento) y que existen varios caminos en la profundidad de la mente y el espíritu que son capaces de sanar los dolores del alma.

Me pregunto si en esta nueva generación de personas empastilladas habrá mentes fabulosas y creativas en busca de nuevos paraísos, de sueños de libertad social e individual, incapacitadas para desarrollar sus herramientas emocionales, para transformar el dolor en aprendizaje.

¿Que sería del mundo sin las crisis existenciales de sabias y sabios? Sin Hildegarda de Bingen, sin Aspasia de Mileto, sin Safo de Lesbos, sin las locuras y angustias de Sócrates, de Proust, de Marx, de Jung, de George Sand, de Ortega y Gasset, de Elena Poniatowska y de Rosario Castellanos. Sin sus crisis existenciales, sin sus cuestionamientos sobre la vida, la sociedad y la muerte no hubiesen desarrollado las ideas y obras que transformaron nuestro mundo.

Me pregunto qué diría mi madre ante este desprecio por las crisis emocionales, esas que ella celebraba tanto con nosotras, incitándonos a indagar el sentido de la vida, del dolor, de las pérdidas, de la búsqueda como método para cultivar la esperanza. Me pregunto si la madre angustiada de esta joven suicida le teme tanto a la vida que cree que su criatura debe esconderse de la realidad, en lugar de buscarle razones y retos.

190

No pude conocer a la jovencita, pero a mi ahijada, amiga de la joven que afortunadamente estaba hospitalizada y viva aún, le regalé dos libros de Jorge Bucay: *Cartas para Claudia* y *El camino de las lágrimas*.

Mi madre nos enseñó que cuando no pudiéramos estar cerca de alguna persona para hacerle saber que no está sola, un libro siempre es un buen compañero, que invariablemente te acompaña libre de juicios, que respeta tu silencio y tu libertad, un amigo que te incita al diálogo interior.

Malos alcoholes

Estábamos en el Rincón del Vino, restaurante maravilloso cuyas dueñas son mis amigas. Allí nos reunimos a beber un tinto delicioso una vez a la semana para nutrir la amistad. Esa noche una de las amigas, luego de unas copas, estaba a punto de llorar y caerse dormida en la mesa. Un amigo se ofreció a llevarla a casa.

Cuando se fueron, comentamos lo curioso de nuestra querida amiga, a quien siempre le sucede lo mismo: el alcohol, aunque sea en pocas cantidades, la pone igual. Yo, rápidamente saqué a relucir la hipótesis del abuelo adorado, el hombre que me dio los consejos más sabios de la vida.

Cuando tenía yo quince años, mi abuelo me explicó que el alcohol es un desinhibidor de las emociones. "La bebida —me dijo muy serio— no produce emociones determinadas, lo que hace es desbordar las inquietudes que se guarda cada quien en su interior".

Así las cosas, concluimos que nuestra amiga se encuentra eternamente entristecida, y por ello el alcohol despierta su estado melancólico que la lleva a desear estar sola y entrar en estados de ensoñación.

Patricia aseguró que ella debía estar frustrada, porque cada vez que bebe un poco de más, lo que quiere es bailar, reír y gozar; todas coincidimos y le pedimos que bailara un poco. De broma culpó a su marido, quien siempre le ha dicho que es muy escandalosa. Prometió trabajar su alegría y hablar con él para distinguir entre la alegría flagrante, real, y el escándalo vergonzante. De paso, le pediría a su marido que revisara por qué le da pena lo que hace años le hizo enamorarse de esa alocada y chispeante mujer que suelta carcajadas epidémicas. Y claro, todas entramos al mudo de las reminiscencias.

Yo tuve un galán a los dieciocho. Sobrio, era una dulzura, y con alcohol en la sangre, era un Otelo profesional, celoso y violento. Basta decir que terminar con él me costó amenazas, dramas y un intento de golpiza de la que me libré con astucia.

Carmen nos platicó que en su casa su padre les enseñó a beber a los hombres, y se los prohibió a las mujeres. Así que la primera vez que fue a una disco, a los diecisiete, le sirvieron una cuba y se emborrachó a tal grado que se le declaró a su amigo, bailó sin parar hasta que terminó vergonzosamente tirada camino al baño, devolviendo a la naturaleza su atrevimiento.

En ese tiempo prometió no volver a beber jamás, hasta que una amiga la invitó a cenar y le enseñó a tomar vino, a elegir lo que le gusta, a nunca tomar sin ingerir alimentos.

Mis amigas que tienen hijas me contaron que les llama la atención que sus adolescentes coinciden en que cuando sus amigos beben en las fiestas, casi todos terminan liados a golpes o con la libido tan alterada que intentan forzar a sus amigas o novias a tener sexo, aunque ellas no lo deseen. Las jovencitas han hecho un pacto de siempre estar juntas y cerca de Arturo, uno de los jovenes más equilibrados que las acompaña, que aunque se echa una copa, no se emborracha como los otros.

Yo les recomendé que les den el consejo que me dio mi abuelo en la adolescencia: "Si cuando el hombre se emborracha se pone grosero, violento y celoso, enciende las alarmas: tiene personalidad violenta y eventualmente, beba o no, será un controlador".

Hablamos sobre los diferentes "tipos etílicos". Están las reprimidas sexuales que con alcohol se transforman de las hermanitas de la caridad en las chicas que bailan tubo; las sumisas que estudiaron en escuela de monjas y que en noche de copas con las amigas eligen ir a un bar de desnudistas masculinos en donde gritan como liberadas de los setentas. Están las alegres incontenibles que demuestran, luego de beber, que lo que esconden detrás de esa personalidad chistoretera y jocosa es una depresión y un inagotable llanto contenido. Están los cariñosos que se transforman en Otelos violentos, los seductores que dejan salir al viejo libidinoso y vulgar, los coquetos que con copas se ponen tiernos y poéticos, los poetas que revelan a un huraño amargado y enojado con la vida, los que al beber de más, por no soltarse a llorar ante la inmensidad de su angustia, comienzan a decir que la palabra incomunica y agreden sutilmente a sus amistades, para luego abrazarlas y decirles que las quieren de verdad.

Y luego está el resto de la gente, que se pone un poco más honesta y cariñosa, que se ríe porque vuela la mosca y porque ya se van a acabar las campañas electorales. Concluimos que un buen vino es maravilloso de vez en cuando, y que cuando una amistad tiene "mal alcohol" es bueno decirle la verdad para evitar que se haga daño o lastime a las y los demás. Y para que tome medidas al respecto.

Los jardines secretos

Mi amiga Érika estaba triste, aun después de todos nuestros intentos por alegrarla: le narramos cuántas veces hemos vuelto a caer en los brazos del amor, a pesar de haber jurado jamás regresar a ese curioso estado de perpetuo embelezo que es el enamoramiento. Pero nada, su mirada estaba ausente de esperanza. Nunca había visto sus ojos tan vacíos de alegría como esa noche, así que me di a la tarea de ofrecer a mi querida amiga una terapia de reconstrucción del anhelo.

Invité a mis queridas amigas a casa. Allí, con una botella de buen tequila y unas botanitas, llevamos a cabo el ritual. Ellas esperaban una velada trillada de plática sobre el amor y las parejas.

Una vela de vainilla encendida, acompañada de una quema de incienso de sándalo, *cidís* de música deliciosa y un libro inolvidable fueron los acompañantes de la noche.

Alrededor de mi mesita de Guatemala, nos sentamos en cojines de colores, y pasamos por nuestras manos una botella de aceite de lavanda para masajes. Unas gotas en la palma y lentamente cada una llevaba a sus propias manos y brazos el aceite, en el fondo la voz de la cantante y poeta palestina Rim Banna. Con los ojos cerrados había que reconocer en la propia piel los recuerdos de las caricias amorosas del pasado y del presente. El ejercicio consiste en recordar con los sentidos cómo el amor nos ha dejado huellas en la piel a lo largo de los años. "Nada se pierde, todo se transforma", decía una canción, y así íbamos respirando profundamente y sin abrir los ojos, recordando todas las caricias significativas de nuestra vida. Ya con los ojos abiertos y luego de un brindis con el agua de las diosas del agave, recordamos entre carcajadas y sonrisas de asombro nuestro primer beso, esa iniciación del cuerpo en las pasiones, esa añoranza de la presencia cercana del ser que nos atrae. El cosquilleo del vientre que florece libidinosamente, el vuelo de la mariposa justo tras el ombligo, que no es otra cosa que el centro de nuestro universo vital.

¿Cuándo fue la última vez que sintieron el aleteo en presencia de alguien?, pregunté. Claudia insistió en que a nuestra edad —casi todas estamos entre los 35 y 45 años— eso ya no es fundamental. Y yo inquirí ¿por qué justo cuando ya tenemos la seguridad que nos faltaba en la adolescencia, cuando es nuestra la certeza de quiénes somos y qué queremos, no tenemos edad para maravillarnos ante la pasión?

Yo creo que es la mejor edad, pues es maravilloso saber que ya no estamos dispuestas a entrar en juegos de engaño, que somos capaces de construir una relación madura, apasionada, pletórica de risas, de pasión y de goce. Pasamos la vida intentando comprender esa increíble mezcla de atracción biológica y apasionamiento, sazonados con reflexiones intelectuales de romanticismo y con incomprensibles reacciones químicas que nos consumen como el fuego al pabilo de una vela.

Entonces saqué una joya de libro: *Los jardines secretos de Mogador*. Todas las personas que quieran despertar sus sentidos deben leerlo. Su autor, Alberto Ruy Sánchez, es un explorador de los arrebatos humanos, un gozador profesional.

Cambié de música: el *Concierto para flauta* de Vivaldi. Comencé leyendo el primer capítulo, entre sorbos de tequila miré a mis amigas acomodándose como si mi pequeño hogar se hubiese convertido en la habitación de un palacio marroquí. Terminé la primera historia y pasé el libro a Claudia, ella leyó, y luego cada una hasta llegar a Érika. De sus labios salió la historia final de los Jardines. Eran las cinco de la mañana y salimos al balcón a mirar el sol salir por la laguna de Cancún. Sin decir palabra, nos abrazamos mirando el oleaje plateado como espejo del cielo prístino, así nos quedamos un rato.

Miré a mis amigas y me sentí bendecida por el cariño. Le dedicamos el libro a Érika, quien prometió nunca más olvidar que el amor es una consecución de milagros personales, es la historia de nuestro cuerpo y nuestro corazón, es la esperanza de nunca perderlo, es hallar nuestro propio jardín de pasiones cada vez que las yemas de los dedos rozan la piel. El amor es los amores. El más bello es el que vives en el momento, pero debes comprender que sin los anteriores no podrías gozarlo con ese arrobo, con esa incertidumbre que anticipa la gloria.

Rituales de pasión

Cuando el grupo de la ONU me llamó para confirmar mi viaje a África, jamás imaginé que encontraría los secretos del biné-biné.

Como en todos los viajes de trabajo con las agencias de las Naciones Unidas, una va sola y espera conocer en el lugar de destino (en este caso Senegal, la costa subsahariana del continente negro) a las y los compañeros de trabajo. Llegaron periodistas de Vietnam, Francia, China, Guinea Bissau y Egipto. Desde el primer día entablé una buena relación con Charlotte, una médica de casi un metro noventa; alta y elegante como una reina nubia. En ella descubrí una energía vital muy particular, la belleza espigada de las mujeres senegaleses, los vestidos tradicionales de algodón recién planchado, la piel con el brillo resplandeciente del ébano pulido, así como las maneras felinas de andar por el mundo como si la vida fuera un festín de seducción.

Charlotte impartía una plática sobre la sexualidad y los derechos humanos en el contexto de la religión musulmana, mayoritaria en Senegal. Entre los usos y costumbres está la poligamia masculina y la ablación del clítoris.

Mientras la bella médica nos daba una rigurosa explicación, mis colegas periodistas y yo nos preguntábamos cómo sería vivir en una relación de poligamia abierta, en un hogar compartido por varias mujeres y un solo hombre. La doctora fue muy académica en sus explicaciones, pero unos días más tarde, ya terminado el taller, yo me quedé para recorrer la ciudad, y

Charlotte cedió ante mi curiosidad y abrió las puertas del hogar de una amiga suya.

Allí estaban tres mujeres de diferentes generaciones, las niñas y los niños jugueteaban en el patio central. En la sala recibí la bienvenida del señor de la casa, quien asumió que si yo era amiga de la doctora debía ser de confianza.

Con una dulzura admirable las mujeres respondieron a mis preguntas sobre cómo se vive en poligamia. La mayor me narró los sentimientos de recibir a la segunda esposa, una mujer más joven que ella, y ésta, a su vez, miró a la tercera y explicó su sentir. No tardamos mucho en llegar al asunto de la sexualidad. "¿Cómo pueden tres mujeres en un mismo hogar compartir a un hombre y estar sexualmente satisfechas?", pregunté. Todas rieron mucho. La mayor se fue, diciendo no sé qué cosas en la lengua wolof, y al volver traía consigo un bote con unas piedrecillas flotando en un líquido verde y una bolsa transparente con telas coloridas y collares de cuentas como chaquiras opacas.

"Biné-biné", me dijo. Acto seguido me pidió que me levantara y me desnudara. Una de las mujeres tomó lo que yo creía eran piedrecillas y las puso en un pequeño incenciario con carbones. De inmediato un aroma de sándalo, rosas y lavanda invadió la habitación. Sacaron los collares de colores y, rodeándome, la más vieja puso sobre mi cadera una bella tela roja y sobre ella anudó el collar de cuentas del mismo color. La desnudez no tiene ningún significado obsceno o morboso en la cultura del Senegal, y me sentí a gusto con el torso descubierto y la cadera bañada de algodón colorido.

El incienso ya había perfumado mi cuerpo, y las mujeres canturreaban palabras en wolof. Me invitaron a sentarme, pues había sido iniciada, y ya podían contarme sus secretos.

"Cuando me casé –dijo Yamilé–, mi esposo dijo que no quería ser polígamo, pero dos años después trajo a casa a su segunda esposa, fue entonces que mi madre me entregó mi biné-biné. Las mujeres, dijo mi madre, se turnarán al hombre dependiendo de su apetito carnal. La que más desee estar con él en el lecho, encenderá el incienso a la puerta de su habitación, así él sabrá, al llegar a casa, que debe cumplir el deseo de esa mujer, es su obligación. La mujer vestirá su tela y cuentas para hacer el amor. Si es rojo, desea pasión desenfrenada y que le digan te amo muchas veces. Si es negro, desea pasión silenciosa y misterios nuevos. Si es morada, desea un juego diferente que ella no conozca. Si porta el blanco, entonces la mujer podrá pedirle al hombre cualquier cosa".

"¿Y funciona? ¿Cualquier cosa?", pregunté azorada. Todas rieron a carcajadas. "¿No ves qué contentas estamos?", dijeron.

Mientras narraban sus anécdotas y me contaban secretos sobre las cremas, aceites y bebidas eróticas del Senegal, comencé a vestirme. Ellas empacaron en una bolsa un juego de telas y cuentas de biné-biné para mí. Les pedí una bolsa más para llevar de vuelta a mis amigas de Cancún, ellas se miraron con gran seriedad por un momento, y prepararon el paquete preguntando los nombres de mis amigas. La mayor de las mujeres tomó los paquetes y canturreó algunas palabras en wolof. Luego llegó el esposo y mirando el estuche de mi cámara la señaló y dijo en francés: "Madame Lydia, nos tomamos la foto", y encantada me senté al sofá mientras una de las amigas tomaba la foto.

Al final, las mujeres pusieron en mi mano un gran bote de cristal con el aromático incienso casero, y me despidieron con una lección sobre la maravilla de las diferencias y la capacidad femenina para hallar magia en lo que a simple vista, desde el prejuicio occidental, parecería un gran sacrificio indigno.

Por cierto, el biné-biné sí funciona.

Mis muertitos

Franz, un amigo de origen sueco que llegó a nuestro país un noviembre hace algunos años, me acompañó a Chan Santa Cruz a la fiesta de los muertos. Sentados en la pequeña plaza, rodeados de aromas y música, Franz parecía un marinero recién llegado a una isla desconocida. No dejaba de tomar fotografías, y en su piel y su mirada pude leer cuán conmovido estaba de las escenas que nos rodeaban. Es bien cierto que en México estamos tan acostumbradas a nuestras mágicas realidades que a veces necesitamos que nuevos ojos nos recuerden la magnitud de la locura sincrética que somos.

Mi amigo me aseguró que lo que más le impresionaba de la cultura mexicana era la mezcla de alegría y morbo con que celebramos la muerte. Me dejó pensando, ¿morbo?, no lo creo, ¿alegría?, ciertamente. Le pregunté que a cuántos muertos había visto en sus cuarenta y siete años. Resultó que a ninguno. Sus abuelos se murieron, pero no lo llevaron al entierro porque era un niño de doce años. Yo, en cambio, como miles de mexicanas, sí tengo una historia.

El primer muerto que recuerdo haber visto era un general del ejército que vivía en el departamento número 102 de la calle Donatello en la colonia Mixcoac. Yo vivía en el 104: el señor, que me parecía un anciano, tenía sesenta años. A su esposa, "la señora Anita", yo la adoraba. Recuerdo clarito que un día, al llegar de la escuela, a los ocho años, y nomás abrir la puerta que conducía a la escalera, me topé con unos señores malencarados que cargaban una camilla cubierta por una lona plástica color verde militar.

Flaquita que estaba yo, me quedé atrapada contra la pared y la camilla inclinada con el bulto. "¿Qué traen allí?", les pregunté con mi incipiente curiosidad periodística. "Un muerto", dijo el que iba en el lado superior, y de tajo le bajó tantito al cierre. Yo, contrario a lo que con toda seguridad esperaba el funerario, me asomé solamente para descubrir el rostro palidísimo del militar. "¡Ah!", recuerdo que dije, y subí corriendo preguntándome si tendría algo de malo ver un cadáver a mi edad. Tenía la impresión de que algún mal causaría estar cerca de un difunto en la infancia. Más tarde entendí que son mucho más peligrosos algunos militares vivos. Este viejecito militar en vida fue muy bueno conmigo, y a mí nada más me pareció que estaba dormido plácidamente, aunque con los labios curiosamente ennegrecidos. Mi madre, al saber de mi encuentro, lo tomó con tal naturalidad que no hizo más que invitarme a hacerle unas galletas de almendra a doña Anita para endulzarle la pena. Luego se las llevamos y ella, sentada a mi lado, lloró con la fineza de las mujeres contenidas y educadas a la usanza de su edad. Nos preparó un té para acompañar las galletas y explicó que "el general", como llamaba a su marido, se había caído sobre la mesa mientras ella iba a la cocina por el plato de sopa. Así nomás, clavó el piquito y no despertó.

En secundaria, mi mejor amigo, Carlos Aguilar, decidió quitarse la vida, llenando de insecticida su habitación. De su fallecimiento recuerdo una suerte de evento rockero triste en el campo de deportes del Colegio Madrid, donde se callaba el tema del suicidio.

Luego un ex galán muy *hippy* que se llamaba Juan Sisniega se fue a morir en un accidente, y con él nació mi primer mal poema de una tragedia amorosa.

A los diecisiete, la muerte me agarró con otro militar: mi abuelo paterno, que se fue a morir de leucemia afianzado de mi mano como si fuera la vida misma, y diciendo quién sabe qué cosas. Lo lloré muchísimo, de amor y de susto.

Hace unos años, como en cascada, se fue mi abuela materna, a quien amaba como una maestra de la vida. Ella me enseñó a cocinar, a desear la justicia y luchar por ella, y a entender que no se vive igual en México que en Francia o en la África negra. Me dijo que las mujeres somos capaces de cualquier cosa, que nunca creyera lo contrario.

Poco después mi abuelo Zeca, un portugués amoroso y jovial, a quien amé como a un segundo padre, se fue tras ella seguro de amarla en "la vida después de la vida" en la que él creía con fervor. Mi tío y yo vestimos su cuerpo fornido y pude decirle adiós de mil maneras.

En una época, con mi amiga Lía, acompañé a morir a mucha gente en Cancún, a niños y jóvenes con sida, y a sus madres, a quienes ayudamos a construir un albergue para vivir sin ser discriminadas.

Como a los treinta le perdí el miedo a la muerte; tal vez por eso aprendí a amar más la vida.

Hace unos años despedí a mi madre, quien le dio una batalla campal a la Parca durante tres años (como siguiendo el consejo de Chabela Vargas, quien dice siempre "miéntale la madre a la muerte cada día pa'que no se atreva").

De mi madre heredé la necedad para enfrentar el destino manifiesto, la receta de bacalao y de camarones a la Marie Rose. Me heredó la manía de escribir diarios, de leer a diario, de preguntar siempre lo que no comprendo y a creer a pie juntillas que las personas son esencialmente buenas, pero con gran fuerza de voluntad se aplican a veces al mal y lo profesionalizan. A veces juro que no está muerta y me niego a la orfandad; luego mi padre me recuerda que me defiendo de los mafiosos como ella lo hubiera hecho y me percato de que no se fue del todo.

En Quintana Roo, cada principio de noviembre, la gente celebra a sus muertos y muertas, ofrece bebidas de balché, mucbilpollo y tamales. Arropan con cempazúchil e incienso las tumbas y las mesas. En maya le llaman *Hanal Pixan.*

Yo nunca he visitado la tumba de mi madre, quien yace junto a su mamá en un mausoleo del Distrito Federal. A mis muertos y muertas los gozo diariamente, les brindo seguido un tequila o un mezcal, los honro con su alegría y sus fados portugueses, los veo en las fotos enmarcadas por toda mi casa. Les canto y hablo como si estuvieran a mi lado. Les pido consejo y bendición en momentos difíciles; les llevo en el alma y en mis gestos, en el gozo de la vida, en la certeza del recuerdo. Pienso en la frase favorita de mi abuela Marie Rose: "En vida, hermana, en vida", y entiendo el privilegio de haber sido criada sin miedo a la muerte, con amor a la vida, propia y ajena. Eso sí, me queda claro que siempre es mejor dar y recibir flores y amores en este mundo que en el otro.

Así se vive

Manejé durante casi cuatro horas desde Cancún para visitar a una familia que conocí hace más de diez años, cuando hice un reportaje sobre el abandono político a la zona maya. Viajé sola por primera vez en meses, y gocé mi aislamiento y la música que me acompañó durante el viaje.

El pueblo llamado Los Chunes fue mi destino. Allí la pobreza es tal que la aridez no permite que crezca nada: ni el maíz que sembró Jacinto Puc, ni la lechuga que quisieron cultivar, para vender, los hijos de Orlando Pech. A pesar de la cercanía con Chetumal —la capital del estado—, tampoco crece la conciencia política para abatir la pobreza y el abandono de las y los ancianos. Los utilizan cada proceso electoral y los exhiben entre votación y votación para dañar al gobernante en turno.

Pasé horas entrevistando a las familias que apenas tienen para comer una vez al día. Las pieles morenas, ajadas por el sol, los pies descalzos, las miradas melancólicas, la reiterada frase maya que suena como *bascauali vas pasha* (¿Cómo estás? Bienvenida) y los caminos iluminados por los hipiles blancos, bordados con las únicas flores que encuentro en el pueblo; son el marco de las historias de vida de la gente maya.

Pregunto si los programas del gobierno han hecho algo para que salgan de la pobreza, y las manos morenas señalan bolsas de frijol viejo plagado de gorgojos y de leche caduca. Cada uno de esos rostros, de las sonrisas de pocos dientes y pupilas veladas por la noción de la pobreza infinita, suma un número a las encuestas que nos dicen "cuarenta millones de pobres" y que, así en bulto con tantos ceros, ni humanos parecen.

A pesar de ello, el olor de su piel y las manos callosas y tiernas que agradecen en un abrazo que me acerque a darle "vida a su voz con las letras", me dice que el aire roza las voces de las mujeres y los hombres pobres de una manera que los políticos neoliberales nunca podrán escuchar, ni sentir.

Camino en la terracería por unos veinte minutos, el sol a plomo –cuarenta grados–, y pienso en los turistas que a unos kilómetros de ahí dejan millones de dólares al producto interno bruto, y que para ellos y ellas el sol así, es mitigado por el aire acondicionado, o gozado por ciento treinta dólares al día con bronceador de aroma de coco.

Llego a la pequeña palapa ovalada de mis amigos. Allí está su décimo nieto, un pequeño que corre semidesnudo tras un escuálido perro que de tan desnutrido es incapaz de inspirar miedo. Pregunto si están los abuelos. Son las dos y media de la tarde. El niño ríe y señala con el índice detrás de la casita.

Camino y encuentro a doña Francisca y a don Luis sentados, bajo la sombra de su palapa, en un par de viejos banquillos de madera. Allí están: él partiendo con un cuchillo grande un pedacito de *pooc chuc* (un delgado y seco bistec de cerdo), ella, con su artrosis reumatoide, no puede cortar nada. Y me paralizo mirándoles. Don Luis toma el trozo de carne que de tan seca se cae del tenedor; lo retoma con la mano y lo lleva a la boca de su mujer. Ella mastica y sonríe. Por un segundo sus ojos se iluminan mirando al hombre con el que lleva cuarenta y dos años casada. Me mira y suelta esa risita de viejilla feliz que es casi niña, y don Luis se levanta y me abraza: "Llegaste después de tanto esfuerzo", me dice como si me esperaran.

Acerca un banquillo, lo limpia y me ofrece un vasito de agua de chaya. Saca un plato de peltre azul e intenta dividir el bistec de *pooc chuc* en tres pedazos, les aseguro que ya comí. Ambos me dicen que la comida es más nutritiva cuando se comparte. Don Luis camina lentamente hacia el interior, donde, bajo el fuego, calienta una olla de frijoles con mucho epazote y cebolla. Me sirve un plato de negritos calientes.

Me platican, tomados de las manos toda la tarde, cómo sus nietos ya van a la escuela y otros ya se fueron a vivir a Cancún a ganar dólares —o al menos eso esperan ellos—. Mientras hablan, ella y él derraman diminutas lágrimas que se vierten por las comisuras de los ojos, hacia los surcos marcados como caminos morenos desde los ojos hacia la mejilla. Doña Panchita me mira sonriente con sus dientes amarillos y medrados ya por la falta de atención. No te preocupes, niña, no estoy llorando, es la edad, ya de vieja las lágrimas se salen sin permiso… es la vida. Don Luis asiente y se limpia con el revés de la mano la sal de sus ojos. La dignidad con que viven estas familias sumidas en la pobreza extrema no tiene nada de poética. No son "gente humilde", como les llaman los políticos. Luego de escucharles hablar durante un par de horas, de ver a sus nietos y nietas, a sus hijas sometidas a las contradicciones de la vida moderna, esa que augura la pobreza generacional como un sino inevitable, me preguntan por mi bienestar, por mis problemas, porque se enteraron por el periódico y la radio.

Les dije que va bien, que allí la llevo. De pronto don Luis se llena de bríos y me habla de la valentía y la dignidad, de la resistencia en la que vive el pueblo maya hacia "los conquistadores". Me recuerda emocionado que la guerra de castas aún no termina. No nos hemos rendido, dice, como si la batalla hubiera sido ayer.

Al despedirnos me dio una bendición y me insistió con la dignidad de un rey: "Si te rindes te mueres". Y yo aguanté las lágrimas. Caminé al lado de dos de sus nietos que jugueteaban medio corriendo a escoltarme, por órdenes del abuelo.

Regresé, y en la carretera escuché y canté no sé cuantas veces, a toda voz y con los ojos bañados de ternura, la canción de Susana Harp que dice: "Así se vive, pero se vale enderezar con nuestras manos, lo que torcimos los humanos. Así se vive pero se puede volver amor la fuerza que nos quede. Pero también se vive con la pasión que la razón cultive. Se vive con la verdad tras los asombros, sacando luz de los escombros".

Siempre la música, dice Eduardo Galeano, "arrejunta el alma" y nos permite entender que a veces sólo el amor y la alegría de las pequeñas cosas nos salvan de la miseria política que todo lo corrompe. Mis viejas amistades me lo recordaron este día. Y por ello me siento profundamente agradecida.

El árbol de mis recuerdos.
Senegal, África negra

La carretera solitaria de la sabana africana, enmarcada por la desolación de miles de muñones regados a lo largo de hectáreas enteras de bosques talados, recibía como único sonido el ruidoso motor del viejo auto de Michelle, mi guía socé.

No bastan las palabras, le digo, para comunicarnos necesitamos abrir el corazón. Él me mira y gustoso me cuenta en francés la historia de las castas y el racismo senegalés. Habla sonriente de sus esposas, de sus hijas que ahora viven y estudian en Bélgica.

Quiero ir al bosque de baobabs, le pido. Mientras conduce, me cuenta la leyenda de cómo los wolofs mantuvieron su historia viva.

Son una de las etnias más importantes del Africa negra, y sin embargo no desarrollaron ningún tipo de escritura, ni siquiera grafología; nunca pintaron nada. Es por ello que los contadores de historias eran primordiales en todos los reinos; y a pesar de su importancia, de recorrer las tribus de una en una contando cuándo, cómo y por qué sucedía la vida... la paz, la guerra, los nacimientos y las muertes en Senegal y Burkina Fasso, los historiadores ambulantes eran considerados una casta indigna. Cuando fallecían, para no ensuciar la tierra con sus cuerpos, los enarbolaban en un orificio labrado en los baobabs. Luego el árbol poco a poco cubría con su corteza el área por la cual había entrado el cuerpo y poco a poco, con los años, llegaba a convertirse apenas en una boca abierta, en un ojo para mirar el mundo desde adentro.

Así, dice la leyenda, es como los bosques de baobabs se convirtieron en el espíritu de la memoria africana. En ellos, con el ojo de mi cámara, descubro rostros y miradas milenarias. Un viento fresco recorre mi cuerpo, soy testiga muda de una presencia inexplicable. Del origen...

Guardamos silencio por un momento. Mientras recorríamos el asfalto rugoso y dolido de abandono en un Renault destartalado, con las ventanas abiertas y el sol a plomo, yo recordaba el libro favorito de mi adolescencia temprana: *El Principito*, de Antoine de Saint-Exupéry.

El recorrido por la sabana africana me refrescó la memoria y develó el rostro de una amistad que en aquel entonces (tendría quince años) tuve con un joven de ojos bellos, espíritu libre y corazón bueno... Enrique. Juntos pasamos tardes enteras saboreando las metáforas de *El Principito*, mirábamos el dibujo del baobab que ilustraba las páginas; en nuestra ignorancia creímos que era un árbol ficticio. Hace años que no veo a ese amigo, pero hay amistades que no son de este mundo y por eso jamás se olvidan.

Le pedí a Michelle que se detuviera cuando me sentí conmovida ante un inmenso baobab que me miraba. Me bajé del auto y toqué con las palmas de las manos la piel rugosa de aquel imponente árbol. Encontré mi baobab en África... recordé a un amigo del alma.

Me acerqué al árbol de la memoria, sin importarme el espectáculo absurdo de una mujer adulta en la carretera africana abrazando un soto añoso e inmenso, lleno de vida y memoria.

Contuve unas lágrimas que atropellaban mi voluntad para florecer en mis pupilas. ¡Cómo extrañaba en ese instante una amistad de esas que conocen mis dudas y misterios, para decirle "yamarek" y que me respondiera sonriendo: "yamarek"! Que mirando a mis ojos supiera que la mujer adulta, periodista, se sentía nuevamente de dieciséis, con la extraña noción de ser incapaz de comprender el mundo y a los hombres y mujeres que lo habitan perpetuando tal violencia e injusticia.

Mi amigo advertía el mundo de una forma distinta, comprendía mis melancólicas dudas y mis nostalgias. Lo perdí una tarde lluviosa en París, cuando él quiso madurar y yo le recordaba su pasado.

Ya de vuelta a Dakar, nos detuvimos en un pueblo llamado Thies, allí compré dos esculturas de la amistad; la vendedora me prometió que si guardaba una con cariño, un día reencontraría a mi amistad perdida; la otra debía darla a una amistad del alma como augurio de nunca perder nuestro amor de espíritu.

Yamarek... estoy en paz. Eso he aprendido hoy, bajo la luz del atardecer en la sabana africana. Sentada en la carretera escribo: "Entiendo por fin lo que me han dado las personas africanas, siempre fue antecedido por cuatro palabras de su idioma: *salamalekum*: 'que Dios te bendiga', *alekumsalam*: 'Dios te acompañe', *Ilyanikiyam*: 'que la paz sea contigo', y *yamarek*, 'estoy en paz'".

Esto, a pesar de sentir el abandono de este continente en el cual la pandemia del sida ha dejado en la orfandad a millones de niños y niñas. Luego de mirar y describir una pobreza que tanto se parece a la miseria de México, la gente me sonríe y quiere compartirme sus historias, quiere ser vista por los medios, ser reconocida en su dolor.

Cuando arrecia el cansancio y la tristeza, siempre puedo recordar que en mi país hay gente buena, hombres y mujeres que también sueñan con erradicar la pobreza, la corrupción, la violencia. Hay amigas y amigos que entenderán lo que es mirar a un baobab y no poner en duda que una mujer o un hombre sabio habita su interior.

El último viaje con mi madre

La ausencia siempre es más notoria cuando se sabe que viajaremos rumbo al pasado. Al pasear por alguna calle en la que nuestros pies anduvieron junto a los de la otra que ya no está más aquí, o al sentir en el olfato el golpe del aroma intenso del vaporoso café cortado.

Se revitaliza la memoria al mirar las letras rojas que anuncian el kiosco del puesto de periódicos, o al recibir la noche mientras camino sola por las Ramblas de Barcelona. Allí la nostalgia se hace grande, invade el corazón, luego el alma, hasta bajar, poco a poquito, tibia, por todo el cuerpo; como una mezcla líquida profusa de tristeza, de ansiedad, ausencia y gozo que se apodera del cuerpo durante el resto de la noche.

Así sucedió conmigo. Caminé y recordé su risa dulce, la alegría con la que bebimos un tinto en la fonda El Calamar y al volver a entrar (ahora sola, después de cuatro años de nuestra visita juntas), podría jurar que la miré en la mesa junto a la ventana, comiendo escalibada y saboreando el rioja que los médicos le habían prohibido.

Tuve que divisar dos veces para espantar de mi vista al espíritu presente de Paulette, la sonrisa invadiendo el rostro... desde la boca hasta los ojos, las manos gesticulando para narrar su historia, su cuerpo delgado por la enfermedad, pero vigoroso y fuerte a la vez.

Yo andaba de arriba abajo por el pasillo interminable de la Rambla.

Allí en la esquina, hacia el mar, está la estatua de Colón mirando América, señalando el lugar de la tierra prometida. Primero sonreí y luego solté una carcajada, lo miré al tiempo que volví a escuchar todas las bromas que mi madre y yo hicimos al respecto de esta estatua en aquel viaje. ¡Ridícula!, dijimos. ¡Qué manera de reinventar la historia!, dijo ella, ¡como si Colón hubiera sabido de cierto que iba a América! Y de allí nuestra conversación se fue tejiendo alrededor de la búsqueda y el encuentro, de la conquista y las oportunidades de hallar lo inesperado. Como a Colón, a nosotras nos sucedió muchas veces: encontramos algo o a alguien que nos era desconocido e inesperado, que luego se convirtió en una parte trascendental de nuestra existencia.

Volví sobre nuestros pasos de antaño, quise retomar el camino andado, sentirla cerca, cariñosa, alegre, viva. Me descubrí buscando con ansia a un artista que pintaba retratos, allí mismo, en la calle de las Ramblas, cerca de Colón.

Recuerdo que en aquel tempo mi madre se acercó (de entre muchos lo eligió a él porque, según ella, era el mejor para dibujar con su lápiz la mirada de la gente): "Siéntate allí —dijo ella—, quiero que te haga un retrato, me gusta tu mirada, que te copie para que te lleve conmigo". Así lo hicimos. Obedecí como si fuese una niña, y el hombre me miraba a mí y al papel, y yo miraba a mi madre que nos observaba a ambos con su botella de agua en la mano, iluminada con la sonrisa de siempre, y recuerdo que en ese instante pensé que era la mujer más gozosa que jamás haya conocido.

Disfrutaba todo: un platillo parecía el paraíso para ella, lo degustaba como si fuese el primero y el último de su vida. Un paseo era una aventura novelesca; sentir el aroma de un perfume se convertía en una experiencia. Todo en ella era gozo, sus pasiones fueron siempre intensas, sus enojos grandes y sus amores inmensos. Sus alegrías, por pequeñas que parecieran, eran para ella jolgorios. Así la vi esa tarde, mientras el hombre se robaba un pedacito de mi alma para esculcar mis ojos y dibujarme en un papel, ella miraba la creación de la obra y comentaba: "Esto es bellísimo, como volver a verte nacer".

Las dos reímos y el hombre siguió muy serio hasta terminar la obra. Mi madre le pagó, y tal como si fuera un tesoro, tomó en sus manos el retrato enrollado.

Más tarde, ya en el hotel, mi vieja lo miraba una y otra vez, diciendo que me llevaría con ella a su ciudad. Tal y como lo recuerdo ése fue un momento profundo, con un dejo de desolación que nos recordó a ambas su enfermedad, y su inminente partida de esta vida.

Esta vez, ya huérfana, seguí mi paseo nocturno en busca del dibujante, pero no estaba, así que su ausencia me robó un instante de mis recuerdos.

Me senté en el Café Ópera, allí bebí lentamente un cortado doble y un oporto. Sentada en las sillas antiguas de roble oscuro, rodeada del aroma de tabaco fuerte, de perfumes caros, con el eco de las voces multilingües entrelazadas en un murmullo, la llamé queditito, como una niña que busca a su madre en una multitud, a sabiendas de ser mujer adulta. En mi cuerpo de cuatro décadas, como una mujer satisfecha de su vida, dejé por un momento salir a una niña huérfana que no terminaba de llorar la ausencia, que reclamaba la presencia de una amiga, de una protectora, una sabia, una guía que fue a veces todas a la vez y otras a pedacitos, dividida en etapas.

Esa noche en Barcelona, sola, me permití ser las dos mujeres. Yo y en mi regazo la niña que también soy yo, ambas añorando escuchar su voz melodiosa, sus anécdotas de la infancia cuando la llevaron por primera vez a Barcelona. Sus amores portugueses, los besos inolvidables, las caricias y los libros que le enseñaron a ser ella sin concesiones.

Pero nada... su palabra no estaba ya. De pronto el timbre, el tono de su voz, desapareció de mi memoria, no podía escucharla, así que las dos (mi niña interior y yo) nos quedamos perplejas esculcando en la memoria la ternura hecha palabra de Paulette. Un camarero tiró una charola, el sonido del cristal y los platos al estallar contra el piso despertaron de pronto perfecta y nítida la voz de mi madre. Así había de ser, pensé, siempre dispuesta a resolver algún desastre.

El alma nos volvió al cuerpo (a la Lydia que quiere ser niña y a la que sabe que nunca más lo será). No todo estaba perdido, si su voz volvía, volverían las palabras tiernas, los consejos mil veces repetidos, las anécdotas fabulosas, las reflexiones existenciales, lo aprendido de mil libros leídos a lo largo de su vida. En suma, con su voz volvió ella, y clarito sentí el calor de su abrazo constante, sus dos besos tronados y reales, sus manos sobre las mías, su sonrisa en mis ojos, su carcajada, su amor, su solidaridad y amistad.

Recordé entonces la tarde en que nos vimos en la ciudad de México, años después de ser desahuciada, en su larga batalla burlando a la muerte. Ella estaba ya muy enferma. En su recámara hablábamos de no sé qué cosas, cuando de pronto se levantó con gran esfuerzo. Me ordenó ir a su vestidor por un rollo de papel, al volver con él en la mano, me miró con esa infinita ternura con la que nos miraba cuando se sabía más nuestra madre que nunca.

Yo, poco a poco, sin esperarlo, desenrollé el papel y descubrí mi rostro, pintado a lápiz. Allí estaba mi otra yo plasmada por un hombre cuyo nombre era una firma ilegible, hallé la frase: "Barcelona, las Ramblas, 1999". Al despegar mi mirada del retrato observé los ojos vidriosos de Paulette, con lágrimas y sonrisa temblorosa, me miró y me dijo que me amaba. Yo no pude pronunciar palabra alguna.

Allí estábamos, mi madre y yo, comenzando la danza de la ausencia, el rito de la despedida. Me devolvió a mí misma. Una vez más ella convertía el simple recuerdo de un viaje en un motivo para estar juntas, en una memoria invaluable. Ella sabía que cada vez que yo mirara ese retrato no me vería a mí misma, sino a nosotras; que recordaría aquel viaje a Europa en el cual tiramos al mar de Portugal las cenizas de su padre recién muerto, viaje en el que luego tomamos el tren porque ella quería ver Barcelona antes de morirse.

No importa que el artista no esté más aquí, pensé esa noche. Entendí que mi madre buscaba siempre mil formas de recordarme la esencia de la vida: el goce, el amor, y los recuerdos de lo regocijado y amado. Comprendí que esa tarde me devolvió a mí misma: a la otra Lydia que había sufrido antes, la que en el retrato en blanco y negro aún tenía en su mirada un dejo aparentemente irreparable de tristeza.

Entendí ese mes de julio, que en el viaje en el cual ella se despedía de la vida, se dedicó a recordarme que yo era una sobreviviente, que la vida nos enfrenta sólo a aquellas pruebas que nuestro espíritu puede superar. Me obsequió el privilegio de llevarme de la mano, como si fuese una niña pequeña, por el pasado que me daría fuerza, a la casa de los bisabuelos Ribeiro (los padres de su padre) y a los brazos del tío Abilio Ferreira (el hermano de su madre). Yo que creía en ese entonces que la acompañaba en su ruta de despedida, ahora comprendo que en su sabiduría ella me llevó a mí al pasado, a su pasado que me reconstruye cada vez que lo recuerdo.

Me llevó por su sangre franco-portuguesa que la crió gozosa y tierna, besucona y golosa. Fortaleció mi espíritu al recontarme las historias de sufrimiento de la familia, de los avatares y las hambrunas de la guerra, al mostrarme las casas humildes de mis antepasadas campesinas de espíritu rico y alma buena.

Ahora vuelvo sobre los pasos, con la ausencia atravesada en la garganta como un vino amargo, con los pies y el cuerpo agotados por el trabajo arduo en una reunión mundial donde la gente busca respuestas, salud y solidaridad ante las violaciones a los derechos humanos.

Quedo siempre más llena de preguntas que de repuestas. Vuelvo con la sonrisa heredada de las mujeres fuertes, con el corazón lleno de ausencias y presencias, y le dedico mi viaje a mi madre, a mi amiga Paulette; le dedico en silencio una copa de oporto, y le brindo mi regreso a la vida, al mundo en que otras mujeres fuertes y hombres buenos me muestran con su trabajo que todo puede cambiar desde la congruencia de cada persona. Le brindo la esperanza que me dio, porque cada vez que la invoco, mi madre revive en mí.